Gerhard Engelsberger

77 gute Gründe aufzustehen

Kreuz Verlag

Neu gestaltete, unveränderte Ausgabe des 1994 erstmals
erschienenen, gleichnamigen Titels.

1 2 3 4 5   04 03 02 01 00

© Kreuz Verlag GmbH & Co. KG Stuttgart 2000
Ein Unternehmen der Dornier Medienholding GmbH
Postfach 80 06 69, 70506 Stuttgart, Tel. 07 11/78 80 30
Sie erreichen uns rund um die Uhr unter www.kreuzverlag.de
Umschlaggestaltung: Jürgen Reichert, Stuttgart
Umschlagmotiv: Rosenkranzmedaillon Sonne aus dem Engelsgruß
von Veit Stoß, 1518, St. Lorenz, Nürnberg
Autorenfoto: © by H & B PRESSE-BILD, Wiesloch
Satz: Buch-Werkstatt GmbH, Bad Aibling
Druck und Bindung: Clausen & Bosse, Leck
ISBN 3 7831 1821 2

Inhalt

Vorwort

Morgenstund hat Gold im Mund.« »Der frühe Vogel fängt den Wurm.« »Früh nieder und früh auf macht langen Lebenslauf...«

Traut man den Sprichwörtern, dann ist die Morgenstunde eine ganz besondere Zeit. Ein Glückspilz der, dem es gelingt, früh aus den Federn zu kommen und die Zeit vor dem Tagesbeginn zu nützen. Was hält eigentlich die Bibel vom Frühaufstehen? Antwort: auf den ersten Blick sehr wenig.

Heißt es doch im Psalter: »Es ist umsonst, daß ihr früh aufsteht und hernach lang sitzet und esset euer Brot mit Sorgen: denn seinen Freunden gibt er es im Schlaf« (Psalm 127,2).

Na also, da haben wir es schwarz auf weiß. Dem Himmel sei Dank! Ich gebe zu, ich bin selber eher ein Morgenmuffel als ein Frühaufsteher.

Aber nicht nur dies. Wer am frühen Morgen Menschen begegnet, ihnen in aller »Herrgottsfrühe« – wer nur dieses Wort erfunden hat? – ein »gutes Wort« sagen will, sie aufmuntern, wachrütteln, vielleicht auch noch etwas weiterträumen lassen will, sollte es leise tun, denn – warum auch immer – wir lesen in den Sprüchen Salomos: »Wenn einer seinen Nächsten des Morgens früh mit lauter Stimme segnet, so wird ihm das wie ein Fluch gerechnet« (Sprüche 27,14).

Es ist also Vorsicht geboten am Morgen. Menschen sind noch hellhörig, sollten behutsam und doch bestimmt in den Tag begleitet werden. Aber auch hier warnt die Bibel, denn nicht jedes Tagwerk hat seinen Segen: »Weh denen, die des Morgens früh auf sind, dem Saufen nachzugehen, und sitzen bis in die Nacht, daß sie der Wein erhitzt, und haben Harfen, Zithern, Pauken, Pfeifen und Wein in ihrem Wohlleben, aber sehen nicht auf das Werk des Herrn und schauen nicht auf das Tun seiner Hände!« (Jesaja 5,11f)

Mitten ins Leben greift die Bibel, weiß, wovon sie redet,

kennt die Menschen, rechnet mit Stärken und Schwächen, mit Launen und Gaben. So hat sie auch lebensnahe Ratschläge für den, der Ohren hat, zu hören: »Und wenn der Magen mäßig gehalten wird, so schläft man gut und kann früh am Morgen aufstehen und fühlt sich wohl. Aber ein unersättlicher Vielfraß schläft unruhig und hat Leibschmerzen und Bauchweh« (Jesus Sirach 31,23).

Keine Frage, vom Aufstehen hält die Bibel trotz aller ernsten Warnungen sehr viel. Nur der Wache und Aufgeweckte geht aufrecht durch den Tag. Wird auch bereit sein, aufzustehen gegen Unrecht und für Gnade. Wird sich am Aufstand Gottes gegen jeden Tod beteiligen und dem Gebeugten helfen, sich zu erheben. Bezieht seine ganze Hoffnung aus der Auferstehung des Gekreuzigten und hat um so mehr ein Auge für die, die liegenzubleiben drohen.

Summa summarum: Der Herr gibt's den Seinen wohl im Schlaf. Aber was würde das schon nützen, wenn sie nicht aufstünden.

Das Aufstehen hat bei jedem feste Strukturen, beginnt mit Wecker, Dusche, Frühstück, ersten Nachrichten. Dieses Buch möchte ermutigen, in die Morgenstunden eine kurze Phase der Besinnung einzuplanen. Damit die Seele nicht auf der Strecke bleibt, braucht auch sie ihre »Morgengymnastik«, muß sich strecken und wach werden. Und dann spüre ich: Es gibt viele gute Gründe, aufzustehen. Einige davon sind hier zusammengetragen.

Den Hörerinnen und Hörern des Süddeutschen Rundfunks, denen ich seit Jahren beim Aufstehen behilflich sein darf, in morgendlicher Solidarität gewidmet.

Wiesloch, Sommer 1994   *Gerhard Engelsberger*

Guten Morgen am Montag

Frühaufsteher und Tagesmuffel

Jede Menge Sprichwörter reden uns ein, daß Frühaufstehen gesund sei. Gesund und reich soll man werden, schön obendrein, wenn man es nicht eh schon ist.

Ich bin ein Nachtmensch. »Aufstehen« – dabei denke ich automatisch an Wecker, kaltes Wasser, schmuddeliges Wetter. Ich bin halt kein Frühaufsteher.

Und dann machen wir uns auf den Weg, wir Morgenmuffel. Machen uns damit selbst und manchmal anderen den Tag schwer. Es muß dann nur noch der Bus vor der Nase wegfahren oder ein Fußgänger aufreizend gemächlich über den Zebrastreifen schreiten, und schon wird aus dem Morgenmuffel ein Tagesekel. Das muß nicht so sein, ich weiß es.

Es gibt ja auch die anderen, die morgens offensichtlich schon geduscht und mit geputzten Zähnen aufwachen, denen das Piepsen, Klingeln oder Rasseln des Weckers wie eine Beethovensymphonie klingt. Strahlende Augen, immer ein Späßchen auf den Lippen, den neuesten Witz – und bis du den verstanden hast, sind sie schon wieder im nächsten Zimmer. Es gibt diese Sonnenscheinmenschen.

Es gibt aber auch die Verdrießlichen. Sie scheinen das schlechte Wetter geradezu anzuziehen. Der Kaffee ist entweder zu dünn oder zu bitter, die Butter zu hart oder zu weich, der Anblick fröhlicher Menschen ist ihnen eine Provokation, gute Laune steckt sie nicht an, sondern regt sie auf. Recht machen kann man's denen eh nicht. »Laß mich morgens grad in Ruhe«, sagt mein Großer zu Hause. Laß mich grad in Ruhe. Ja, er taut schon irgendwie dann auf mit der Zeit, läßt sich auch zu einer Bemerkung über Oliver Kahns Wechsel vom KSC zu den Bayern hinreißen – und wenn er die Zeitung liest, findet er ja zugegebenermaßen kaum etwas, was ihn aufbaut. Aber das legt sich. Wir Morgenmuffel – wenn man uns mag und mit uns umgehen kann – werden von Stunde zu Stunde erträglichere Menschen.

Aber es gibt auch die anderen, die »Ganztages-Muffel«, mit ganztägigem Katastrophengesicht und Schlechtwetterblick. Schon ihre pure Anwesenheit macht einem ein schlechtes Gewissen. Sie fühlen sich immer als Opfer, hintergangen, nicht ernst genommen, zu ernst genommen, zu sehr beobachtet oder immer übersehen. Mit einem riesigen Energieaufwand pflegen sie ihre Wunden so, daß sie ja nicht heilen.

Rudolf Otto Wiemer, dem wir eine Menge zeitgenössischer Gedichte verdanken, ist entweder selbst ein Morgenmuffel oder hat einen in der Familie. Jedenfalls kennt er sich mit »Übelgelaunten« aus. Er schreibt über einen solchen:

»Gott, stell ihm ein Kind in den Weg, das mit dem Schäufelchen Sand durch ein Sieb wirft,
oder zwei Jungen, die mit der Blechbüchse Fußball spielen,
oder die alte Krull mit dem Rheuma, oder Kleinknecht, den Rentner, der gerne Späße erzählt,
oder befiehl dem Gelähmten im Rollstuhl, ihm zu begegnen, führ ihn vorbei am Städtischen Krankenhaus, zuletzt auf den Friedhof,
Gott, daß unterm Hügel die Toten ihn anschrein,
und wenn alles umsonst ist, laß ihn stolpern, Gott, wenigstens stolpern,
und laß ihn, den Tropf, damit er klug wird, éndlich mal auf die Nase fallen.«[1]

Ich wünsche Ihnen einen Tag mit gutgelaunten Menschen. Vielleicht ist der eine oder andere darunter, der gestolpert ist und noch eine rote Nase hat. Gehn Sie behutsam mit ihm um.

Menschen ohne Profil

Sieben Millimeter Profil hat ein Autoreifen ungefähr, wenn er frisch von der Produktion kommt. Einen Millimeter Profil muß er bei einer Polizeikontrolle mindestens noch haben. Auf wieviel Profil kann ein Christ verzichten, bevor es gefährlich wird?

Es gibt so etwas wie die Angst vor dem eigenen Gesicht. Wer Gesicht zeigt, setzt sich aus. Tritt aus der Masse der austauschbaren, in Ruhe gelassenen, ferngesteuerten und funktionierenden Menschen heraus. Über den wird geredet. Der fällt auf. Dann lieber mit Austauschgesichtern und Austauschkleidern und Austauschmeinungen im Trend bleiben. Es gibt so etwas wie die Angst vor dem eigenen Gesicht. Und die wächst.

Viele, die mir schreiben und mit denen ich rede, erwarten, daß die Kirche ihr wahres Gesicht zeigt, sich nicht heraushält, Profil beweist.

Aber das ist ja die umstrittene Frage: Was ist das Profil eines Christen? Wir tun uns schwer damit. Jesus Christus ist unser Profil, jedenfalls der markanteste Teil unseres Profils. Wer ein Profil hat, unterscheidet sich von anderen, ist eben nicht so, sondern so. Riskiert Ablehnung, riskiert, nicht zum Trend zu passen. Jesus Christus ist das Exponierteste an uns Christen, das deutlichste Profil. Und das schleift sich eben am ehesten ab.

Die Menschen wollen, daß man uns Christen wieder das Christsein abspürt. Sie fragen nach unserem Beitrag, nicht nach etwas Austauschbarem, sondern nach dem christlichen Beitrag. Wenn es uns Christen nicht gelingt, den fragenden Menschen und all denen, die gar keine Fragen mehr stellen, zu verdeutlichen: »Der Glaube an Jesus Christus ist heils-notwendig«, dann geben wir im Konzert der Weltanschauungen und Meinungen unser Profil ab und werden austauschbar, ersetzbar.

Eine durch Christus profilierte Kirche und Menschen, die sich nach ihm Christen nennen, sind keine unpolitischen Inselbewohner. Im Gegenteil: Wer mit Jesu Augen Erschießungen in Peking oder Verhungernde in Somalia sieht, wird nicht schweigen. Wer Asylsuchende mit Jesu Ohren hört und die Versuche sieht, sie auf kalte Art und Weise entweder gar nicht zu uns hereinzulassen oder dann möglichst schnell wieder loszuwerden und sie ansonsten wie Stückgut auf dem Verschiebebahnhof zu behandeln, den drängt es, zu handeln. Aber nicht nur in diesen spektakulären Bereichen.

Und doch ist Kirche zuallererst die Gemeinschaft der um Jesus Christus Versammelten. Dieses Profil ist abgeschliffen, und darunter leiden wir, und das stellt uns vor Zerreißproben. Ich kann meinen Glauben nicht ausziehen wie ein Hemd. Er gehört zu meinem Gesicht. Ich will mein Gesicht nicht verlieren. Ich will Gott noch in die Augen schauen können. Und Gott blickt mich an mit den aufgerissenen Augen des Pekinger Studenten kurz vor dem Genickschuß. Mit den verheulten Augen einer quecksilberverseuchten Frau im sechsten Monat. Mit den strahlenden Augen des Sinti-Kindes.

Wieviel Profil braucht ein Christ? Soviel Profil, daß einer, der ihm ins Gesicht schaut, darin die Liebe des Mannes aus Nazareth entdeckt.

Wenn der Herrgott keinen Spaß verstünde

Man kann uns Pfarrern und der Kirche bestimmt nicht nachsagen, wir hätten den Humor erfunden. Ein typisches christliches Erkennungsmerkmal ist eher ein ernster Blick, bei dem andere gleich ein schlechtes Gewissen bekommen. Dabei hat Martin Luther schon gesagt: »Wenn ich wüßte, daß der Herrgott keinen Spaß versteht, dann wollte ich nicht in den Himmel.«

»Seid allezeit fröhlich«, schreibt Paulus nach Thessalonich. Es gibt Menschen – Sie kennen bestimmt einige –, die können mit einem einzigen Satz eine verfahrene Situation entkrampfen. Eine der schönsten Gaben, die Menschen geschenkt sind.

Humor hat eine seiner Wurzeln in der Fähigkeit, über sich selbst zu lachen, sich selbst nicht mehr so furchtbar ernst zu nehmen. In einem kleinen Dorf geschah es, daß die Frau sonntags morgens, aus welchen Gründen auch immer, nicht zum Gottesdienst konnte und dafür ihren Mann schickte. Der war nicht ganz so fleißig beim Kirchgang, aber ab und zu besuchte er den Gottesdienst und kannte damit die Lieblingsthemen des Pfarrers. Als er nach einer Stunde wieder nach Hause kam, fragte ihn die Frau: »Worüber hat der Pfarrer gepredigt?« »Nun ja«, sagte der Mann, »es war ganz interessant.« »Jetzt sag, worüber hat er denn gepredigt?« »Er hat über die Sünde gepredigt.« »Na und?« »Wie soll ich sagen, er war dagegen, wie immer.«

Das hängt uns nach, daß wir den Spaß verderben, daß wir Spielverderber sind. Wir sind zuständig für die, denen das Lachen vergangen ist.

Seid allezeit fröhlich. Ich weiß, es gibt genug, an dem Sie zu schlucken haben. Der eine hat Bammel vor der Mathearbeit in der dritten Stunde, der andere geht aus Sorge um den Arbeitsplatz heute morgen mit Fieber in den Betrieb. Mag sein, daß Ihnen das Lachen vergeht. Nachher im Aufzug, in der Straßenbahn der kalte Rauch, die ganzen Schlafmützen neben Ihnen. Und auch das bleibt nicht aus: der Lehrer, der Chef, der Kunde, der Sie auf hundertachtzig bringt, und der Kollege, der schon wieder flinker ist als Sie.

Alles das, was Sie belastet, man kann das nicht einfach weglachen. Gut, wenn man wenigstens ab und zu zu der Einstellung findet: Laß den, der kommt auch noch dahinter.

Seid allezeit fröhlich. Wenn es jedem von uns heute gelänge, einen Menschen zum Lachen zu bringen, und sei es über uns selbst, wenn es uns gelänge, den Krampf in unserem Alltag etwas zu lösen, das wäre ein Anfang. Aber lach mal über dich selbst und nimm dich trotzdem noch ernst!

Manche behaupten, an Ostern hätte Gott den Tod ausgelacht. Für uns Christen ist das der Grund zum Lachen, andere anzulachen. Aber ganz profan: Lachen ist darüber hinaus gesund. Gesünder jedenfalls als manches Medikament, das Sie eben zum Kaffee geschluckt haben.

Den Schülern wünsche ich heute Lehrer, die über sich selbst lachen können. Den Hausfrauen Verkäuferinnen, die vor ihnen freundliche Kunden hatten. Und uns allen einen Tag, an dem Gott selbst ein Lächeln für uns übrig hat. Denn ich glaube, der Schöpfer braucht am meisten Humor.

Einen »göttlichen Humor« – so sagt man ja im Volksmund – hatten auch die Kinder, die im Herbst dem Pfarrer immer wieder die Äpfel von den Bäumen klauten. Bis dieser ein Schild an den Baum nagelte mit den Worten: »Gott sieht alles!« Am nächsten Tag stand darunter: »Aber er verrät uns nicht!«

Maskenball

Sie hieß Anja. Zwölf oder dreizehn Jahre alt. Zweimal in der Woche saß sie bei mir im Religionsunterricht. Für 3 Mark 50 Creme im Gesicht aus irgendeinem Kaufhaus. Diese Woche im Angebot. Das Glänzen in ihren Augen war Chemie, kein Strahlen inneren Lichts. Der Blick zwischen Lidschatten und Eyeliner sonst leer. Armes Geschöpf. Keine Fragen mehr. Nur: Wann kann man aus Religion austreten? Keine Hoffnungen mehr. Nur: Bald vierzehn sein, und dann beginnt das Leben.

Anja ist heute wahrscheinlich schon Mutter. Mitte Dreißig. Ich weiß sonst nichts von ihr. Nur diese paar Gedanken, die ich mir mal vor zwei Jahrzehnten notiert habe. Doch manchmal sehe ich ihr Gesicht in einem anderen. Viele Gesichter sind so leer. Versteckt hinter Masken. Alles kann zur Maske werden, selbst das beste. Ja, selbst die Frömmigkeit kann ihre Rolle spielen beim Maskenball.

Warum geht es niemanden etwas an, wie es drinnen aussieht? Warum will der eine nichts geschenkt und der andere seine Ruhe? Warum laufen viele von uns im Hochsommer noch mit einem dicken Mantel herum?

Als vor dreitausend Jahren der Prophet Samuel einen neuen König salben sollte über Israel, da schickte ihn Gott nach Bethlehem zu Isai. Ein geachteter Mann mit einer Reihe von Söhnen. Und da ist auch gleich einer, der ihm imponiert. Aber Gott fällt ihm in den Arm und sagt: »Salbe nicht den. Der Mensch sieht, was vor Augen ist. Gott aber sieht das Herz an.« Am Ende ist es der unscheinbare David. Er wird gesalbt.

Ziehen wir deshalb so oft einen Mantel an, setzen eine Maske auf, weil wir fürchten, es könne uns einer durchschauen, das Herz in uns entdecken und was darunter ist unter der Maske? Verliebtheit, Trauer, Angst, Schuld.

Doch wie's da drinnen aussieht, geht niemand was an. Das mag ein schönes Lied sein, aber es ist kein guter Rat fürs Leben. Der, der uns als sein Ebenbild auf unseren Weg geschickt hat, und die anderen, die unseren Weg ein Stück weit oder sehr lange teilen, sollten wissen, mit wem sie es zu tun haben.

Oder steckt vielleicht in dem allen eine noch tiefere Unzufriedenheit mit uns selbst? Da werden zwei Frauen beobachtet vor dem Supermarkt. Die eine hat im Wagen ihr Baby dabei. Die andere bewundert diesen süßen Fratz. Da sagt die Mutter ganz stolz: »Aber Sie sollten erst mal die Fotos von ihm sehen!« Mein Gott, denke ich, was steckt eigentlich in uns, daß wir uns selbst so wenig ertragen, unzufrieden sind mit dem Schönen, das selbst andere bewundern? Wenn wir eines dürfen als Menschen, die an die befreiende Botschaft der Bibel glauben, wenn wir eines dürfen, dann dies: Wir dürfen unser wahres Gesicht zeigen.

Gottes Schöpfung ist doch kein Einheitsbrei. Da gibt es millionenfach verschiedene Wege zu Gott. Da gibt es Meinungen und Begabungen. Wir lassen eine faszinierende Vielfalt verkümmern, wenn wir verbergen, was in uns steckt. Wie oft ist die Angst vor Menschen und Richtern größer als unser Vertrauen in Gott.

Doch es gilt, was uns Martin Buber in der Geschichte von Rabbi Sussja erzählt. Rabbi Sussja sagt: »In der kommenden Welt wird man mich nicht fragen: ›Warum bis du nicht Mose gewesen?‹ Man wird mich fragen: ›Warum bist du nicht Sussja gewesen?‹«

Träumen wir diesen Traum von einer Welt, in der jeder auf seine Art ist, was er sein könnte: Ebenbild Gottes. Ohne Maske und Mantel. Das ist noch lange nicht das Paradies, aber der Einstieg in die seelische Entsorgung. Und das ist nicht wenig bei dem Müll, der sich mit den Jahren unter unseren Mänteln und Masken angesammelt hat.

Gottes Segen wünsche ich Ihnen bei jedem Schritt in diese Richtung – und wie immer einen guten Tag!

Gebet einer Seniorin

Werden will es jeder, sein will es keiner, sagt der Volksmund. Werden will es jeder, sein will es keiner. Es geht ums Alter. Alt werden will jeder, alt sein will keiner.

Alt, das klingt nach krank, müde, abgestellt, verbraucht. Alt sein ist beschwerlich, wird schwieriger, wird teurer, wird vielleicht auch einsamer. Das Alter hat aber auch erfreuliche Seiten. Die Bibel rechnet die Weisheit dazu, die Distanz zur eigenen Leistung, den Abstand zur eigenen Geschichte. Auch den gelassenen Glauben möchte ich dazurechnen, der mehr und mehr spürt: Mit meiner Kraft ist nichts getan – und trotzdem liegt in meiner Schwäche noch soviel Verheißung.

In diesem Geist ist ein Gebet geschrieben, das mir eine Hörerin vor wenigen Wochen zugeschickt hat. Es ist ein weises, ein humorvolles, ein gutes Gebet. Die Hörerin hat es bezeichnenderweise in einer medizinischen Zeitschrift gefunden, nicht in einer kirchlichen Zeitung.

»Herr, du weißt besser als ich, daß ich von Tag zu Tag älter werde – und eines Tages alt sein werde. Bewahre mich vor der großen Leidenschaft, die Angelegenheiten anderer ordnen zu wollen.

Lehre mich, nachdenklich, aber nicht grüblerisch, hilfreich, aber nicht diktatorisch zu sein. Bei meiner ungeheuren Ansammlung an Weisheit tut es mir leid, sie nicht weitergeben zu können, aber du verstehst, daß ich mir ein paar Freunde erhalten möchte.

Lehre mich schweigen über meine Krankheiten und Beschwerden. Sie nehmen zu, und die Lust, sie zu beschreiben, wächst von Jahr zu Jahr. Ich wage nicht, die Gabe zu erflehen, mir Krankheitsschilderungen anderer mit Freuden anzuhören, aber lehre mich, sie geduldig zu ertragen.

Ich wage auch nicht, um ein besseres Gedächtnis zu bitten,

nur um etwas mehr Bescheidenheit und etwas weniger Bestimmtheit, wenn mein Gedächtnis nicht mit dem der anderen übereinstimmt. Lehre mich die wunderbare Weisheit, daß auch ich mich irren kann. Erhalte mich so liebenswürdig wie möglich. Ich weiß, daß ich kein Heiliger bin, aber ein alter Griesgram ist das Krönungswerk des Teufels.

Und Herr, lehre mich, an anderen Menschen unerwartete Talente zu entdecken, und verleihe mir die schöne Gabe, sie auch zu erwähnen.« (*Therese von Avila*)

Soweit das nachdenkliche, humorvolle, ehrliche Gebet. Zu diesem Gebet sage ich gerne Amen; und Ihnen wünsche ich eine Handvoll freundlicher Menschen heute, und ab und zu ein erheitertes Lächeln über sich selbst. Guten Tag!

Wo ist dein Glaube?

Die Frau, von der ich erzählen möchte, ist knapp 30 Jahre alt. Aufgewachsen ist sie in einem ziemlich strengen Elternhaus. Den Anforderungen des Lebens vielleicht dann doch nicht so gewachsen, wie Eltern sich das für ihre Kinder wünschen. Sie hatte mir in einem unserer vielen Gespräche erzählt, sie wünsche sich nichts sehnlicher, als in ein Diakonissenhaus zu gehen. Nicht als Diakonisse, einfach als Hilfe. Sie kann bügeln, nähen, ist im hauswirtschaftlichen Bereich eine zuverlässige und gute Hilfe. Nun gut, sie war soweit, zu sagen: Da möchte ich hin. Ich glaube, das ist mein Weg. Nur, da sind die Eltern. Und für die ist sie wohl nie jemand anderes als das zu behütende kleine Mädchen, das nicht allein zurechtkommt.

Ich hatte telefonisch schließlich vermittelt, daß ein Besuchstermin im Diakonissenmutterhaus abgesprochen war. Man war dort bereit, sie aufzunehmen. Sie war überglücklich. Aber ihren Eltern, darauf hatten wir uns verständigt, mußte sie es selbst sagen.

Auch das hat sie noch geschafft. Offenbar nur andeutungsweise einmal den Wunsch geäußert. Es muß furchtbar gewesen sein. Sie hatte schon die Fahrkarte für den nächsten Tag. Gefahren ist sie nicht.

Ich kenne so etwas in allen möglichen Variationen: Der Wunsch, der Traum, die Vorstellung ist da. Der Weg ist bereitet. In der Krise hast du Helfer, sie halten dir für eine Zeit den Rücken frei. Und du bist trotzdem nicht in der Lage, den Schritt zu gehen, den du selbst für richtig hältst.

Ich möchte Ihnen eine Geschichte aus der Bibel erzählen. Sie kennen sie alle. Sie erzählt von unserem Alltag: Jesus war müde, hatte sich mit seinen Jüngern vor den Massen auf ein Schiff geflüchtet und war eingeschlafen. Mitten auf dem See. Es kommt ein Sturm auf, ein gefährlicher Sturm. Die Menschen auf dem Schiff sind in Lebensgefahr. Sie wecken Jesus, der steht auf, wehrt Sturm und Wellen. Es heißt in der Bibel: »Da stand er auf und bedrohte den Wind und die Wogen des Wassers, und sie legten sich, und es entstand eine Stille. Er sprach aber zu ihnen: Wo ist euer Glaube?«

Zuerst: Ihr Leben ist in Gefahr. Eine schlimme Krise. Sie werden gerettet. Dann folgt die Stille. Und in die Stille hinein Jesu Frage: Wo ist euer Glaube?

Wir erfahren alle täglich »Lebenshilfe«. Hilfe, die uns aus dem Gefahrenbereich herausholt. So daß nach der Krise auch eine fruchtbare Ruhe folgt. Wer sich dann damit begnügt, daß die Gefahr behoben ist, hat die Chance schon vertan. Wo ist euer Glaube? Worauf setzt du dein Vertrauen?

Die spannende Geschichte, daß da eine Stille ist nach dem Sturm, in die hinein Gott fragt: Wo ist dein Glaube? – diese spannende Geschichte passiert nach überstandener Operation oder nach überstandenem Unfall, nach einer fürs erste beigelegten Ehekrise, nach ausgestandener Angst um das Kind, das krank war oder eine Stunde ausgeblieben ist, und du hast dreimal das Martinshorn gehört. Sie wissen selbst alle, wie oft Sie schon in solchen Krisen waren. Und in mein Aufatmen hinein fragt Gott: Jetzt, nachdem der Befund negativ ist, nachdem du aufatmen kannst, jetzt: Wo ist dein Glaube?

Das oberflächliche Grad-so-Weitermachen nach überstandener Krise – politisch, persönlich, gesundheitlich – bindet mich an den nächsten Sturm auf dem See. So kommen wir nie an Land, auf festen Boden.

Für uns Christen hat dieser feste Boden nur einen Namen: Jesus Christus. Das eben macht uns zu Christen.

Vielleicht nützen Sie die Stille nach dem nächsten Sturm zur Besinnung auf diese Frage, allein, mit anderen: Wo ist mein Glaube?

In den Iden des März

In der Schule haben wir es gelernt, vielleicht längst auch wieder vergessen: Der große Julius Caesar wurde in den Iden des März von Brutus ermordet – in den Iden des März. Am 15. März. Ich will daraus keinen Gedenktag machen. Trotzdem, wissen Sie, wie lange Caesar regierte? Wie lange galt der Wille Caesars als oberstes Gesetz? 25 Jahre lang war er politisch einer der mächtigsten Männer des Römischen Reiches. Aber erst am 17. März 45 vor Christus hatte er wirklich die Alleinherrschaft über Rom und seine Provinzen. Gerade ein Jahr vor seinem Tod. Im Februar 45 ernannte man ihn zum Diktator auf Lebenszeit. Auf Lebenszeit – das hieß noch für ein knappes Jahr. In den Iden des März 44 vor Christus fiel er dann einer Verschwörung der Opposition im Senat zum Opfer.

Mit meinen Konfirmanden unterhielt ich mich über Zeit, über Lebenszeit, über des Menschen Zeit, über Zeit und Ewigkeit. Wir stellten fest, daß Caesars Wille in Rom uneingeschränkt nur ein Jahr galt. Hitlers Wille galt gerade 12 Jahre. Unser Grundgesetz und damit der Wille des deutschen Volkes gilt seit stark vier Jahrzehnten. Die Trennung von Evangelisch und Katholisch gibt es viereinhalb Jahrhunderte, den Glauben an Jesus Christus knapp zwei Jahrtausende. Und dann stellten meine Konfirmanden mit Blick auf Geschichts- und Biologiebücher fest, daß das Prinzip des Fressens und Gefressenwerdens in der Natur etwa seit 600 Millionen Jahren gilt.

Und dann fragten wir uns: Was hat wohl länger Gültigkeit und Bestand? Unser Grundgesetz, der Glaube an Jesus Christus oder das Prinzip des Fressens und Gefressenwerdens? Eigenartig, solche Gedanken. Dem Grundgesetz gaben die Konfirmanden aus der geschichtlichen Erfahrung wenig Chancen. Und sie meinten auch – etwas zurückhaltend, fast war es ihnen peinlich: Das Fressen und Gefressenwerden würde vielleicht doch den Glauben an Jesus Christus überdauern.

Was meinen Sie? Eine ganz simple Frage am Morgen.

Computersprache

Seit Jahren bin ich Besitzer eines Computers. Er nimmt mir eine Menge Arbeit ab. Es geht vor allem darum, schnell und sauber Texte schreiben zu können.

Nun beinhalten diese Schreibprogramme, man nennt sie »Text-Verarbeitungsprogramme« – schon allein dieser Name sagt alles –, nun beinhalten diese Schreibprogramme, wenn sie einigermaßen etwas taugen, auch ein Rechtschreibprogramm. Bin ich meinetwegen fertig mit einem Brief, rufe ich dieses Programm auf, und es kontrolliert meinen Brief auf Fehler. So weit, so gut. Natürlich kennt es nicht alle Worte. Ich kann ja verstehen, daß mein Programm den umstrittenen großen Theologen Rudolf Bultmann nicht kennt und mir statt dessen als Verbesserung das Wort »Blutbahn« vorschlägt. Auch der Kirchenvater Origines ist unbekannt. Das Programm meint, »Orgie« sei richtiger. Anstelle von »totsagen« möchte es »toasten« lesen, anstelle von »Galiläa«, der Heimat Jesu, »Galilei«, den großen Astronomen.

In der Zwischenzeit vermute ich, das alles ist kein Zufall. Dieses renommierte Programm, eines der besten und teuersten auf dem Markt, kennt das Wort Barmherzigkeit nicht. Begriffe wie kompromißbereit, Infragestellung, Ausländerfeindlichkeit sind ihm fremd. Eigenartig: Eichmann ist bekannt, Mose wieder nicht. Aus Johannes dem Täufer möchte es Johannes den Säufer machen, aus Strauchelnden Streichelnde und aus dem dreieinigen – entschuldigen Sie bitte, allen Ernstes – einen dreibeinigen Gott. Ordiniert wird zu ordinär; bei Götze, Auschwitz, Hinduismus ist überhaupt Fehlanzeige. So könnte ich weitermachen, erschreckend, manchmal komisch, manchmal peinlich – jedenfalls entlarvt es. Es entlarvt die Programmierer, es entlarvt unsere gängige Sprache. Man muß sich nicht wundern über die unverschämte Einfallslosigkeit mancher vervielfältigter Behördenbriefe.

Mitleid und Barmherzigkeit sind eben Fremdworte. Unsere Sprache ist reduziert auf ein paar hundert Worte. Die Sprache der Kirche, die Bilder der Bibel, die Worte unserer Dichter, Martin Luthers oder Marie Luise Kaschnitz' Genie sind verbannt in die Studierstuben.

Das ganze Jammern darüber, daß unsere Sprache – und damit die Werte dieser Sprache – verlorengehe, nützt nichts. Wehren müßten wir uns. Ich hätte an den Sender schreiben müssen, als vor wenigen Tagen ein Sportreporter meinte, Boris Becker hätte seinen Gegner an der Seitenlinie entlang festgenagelt. Gewalt in der Sprache und Einfallslosigkeit gehen miteinander einher. Nicht der Computer ist schuld. Wir alle lassen unsere Sprache verkommen. Sie zieht sich zurück und überläßt das Feld der Werbung, der Überschrift, der Kurznachricht. Wehren sollten wir uns. Auch die öffentlich-rechtlichen Medien stehen hierbei in der Pflicht. Nicht zuletzt auch deshalb bin ich unserem Sender dankbar, daß morgens ein »Geistliches Wort« möglich ist. Das ist schon eine couragierte Entscheidung, wenn hier am Morgen, insbesondere fünf Minuten vor sieben Uhr, nicht Werbung, sondern ein »Geistliches Wort« gesendet wird. Darüber will ich dann auch vergessen, daß mein Computer aus mir, einem badischen Pfarrer, gerne einen »basischen« Pfarrer machen wollte.

Der Mensch – ein ethisches Mängelwesen?

Der Mensch sei biologisch ein Kleingruppenwesen, sagen Biologen. Vom Aufbau unseres Gehirns her wären wir nur in der Lage, wenige Menschen um uns zu lieben, unsere Nächsten, die Familie. Alles andere, die Solidarität mit Armen, die Hilfe für Fremde, gar die Feindesliebe, gingen weit über unsere genetischen Anlagen hinaus. Schließlich hätte sich in der Evolution eben der durchgesetzt, der sich am besten zu behaupten wisse, und nicht der, der an die anderen denkt.

Sollte der Mensch, der als Wesen mit vielen Mängeln behaftet ist und diese durchaus auszugleichen in der Lage war, im ethischen Sinn zu einem Mängelwesen verurteilt sein? Ist er von seiner Erbanlage zur Fremdenangst und zum Egoismus bestimmt? Erreichen uns die Bilder verhungernder Kinder, verstümmelter Frauen, klagender Alter, mordender Männer aus den Kriegsgebieten – wie kann ich innerlich so abstumpfen, daß ich nebenher noch zu Abend essen und ein Bier oder ein Glas Wein trinken kann? Das ist doch eigentlich unvorstellbar: Da stirbt jemand vor deinen Augen auf scheußlichste Weise, da schreit jemand in höchster Not um Hilfe, und du beißt – etwas verhalten vielleicht – in ein belegtes Brötchen. Wie ist das möglich? Ist es wirklich so, daß wir biologisch gesehen für die Not der vielen anderen gar keine Antenne haben?

Es mag so sein. Ich glaube aber, ein ebenso gewichtiger Grund ist die Angst. Sie darf nicht gezeigt werden. Als ob die Fassade das Leben wäre. Wer Angst hat, igelt sich ein, baut Mauern um sich, schottet sich ab, und diese Mauern werden zum Gefängnis. Wir bauen die Mauern mit dem Ziel, daß uns keiner anmerkt, wie nervös, wie unsicher, wie unselbständig wir eigentlich sind. Dazugehören, das ist wichtig. Und deshalb: Lächle, Bajazzo; benutze die Ellenbogen, Kollege; vertusche die Schwächen, Mutter; laß dir nichts anmerken, Christ.

Ich komme mir manchmal vor wie in einem Orchester, bei dem jeder aus dem Takt ist. Keiner zeigt's dem anderen. Und das geht alles gut, weil vom Band irgendeine Symphonie eingespielt wird. Man wird dich gar nicht hören, selbst wenn du spielst. Alles Schau. Alles Playback. Das ganze Leben ein Playbackspektakel, unehrlich, nichts ist live.

Deshalb darf mir keiner zu nahe kommen. Mancher unter uns erträgt schon den eigenen Partner nicht. Auf Zeit, ja, für bestimmte Sachen, ja. Zum Abschalten, ja. Er – oder sie – könnte ja die Schwächen hinter der Fassade entdecken.

Und wenn dann so ein schlimmes Bild mir den Morgenkaffee oder das Abendessen trübt, dann Zähne zusammen und durch. Mitleid ist ein Luxus, Gefühle zeigt man nach Ladenschluß und die Angst versteckt man im Magen. Immer lauter werden die Feste, immer spektakulärer die Erfolge, immer blendender die Dementis, immer größer die Angst.

Ich kaue an meinem Bissen Abendbrot, trinke vielleicht ein Glas mehr als sonst. Aber es kommt ja – wie gerufen – nach diesen schlimmen Bildern das Wetter oder der Sport oder irgend etwas anderes Positives, was mich wieder aufbaut und mir das Gefühl gibt, diese Welt ist doch noch in Ordnung. Meine Angst ist unter Kontrolle.

Dies wäre nicht die erste Kultur, die mit Gloria und Feuerwerk zugrunde geht, weil sie innerlich an der eigenen Angst erstickt. Wo bleibt das Positive? Wissen Sie, manchmal sollte man auf den guten Schluß aus der Bibel verzichten. Vor allem, wenn er nichts anderes ist als ein weiterer Stein in der besagten Mauer.

Paten-Schein

Ich weiß nicht einmal mehr den Namen. Ich nehme an, vor ein paar Jahren habe ich ihr Kind getauft. Und nun ruft sie an und fragt, ob man nachträglich noch im Familienbuch die Paten ändern könne. Ich frage zurück, warum, und es stellt sich heraus, die Eltern verstehen sich jetzt nicht mehr mit der Patin.

Dieser Wunsch ist mir schon häufiger begegnet. Ich habe als Pfarrer auch selbst schon Paten abgelehnt oder zumindest geraten, andere Paten zu suchen. Die Schwester in Amerika, die nur alle fünf Jahre, wenn überhaupt, nach Deutschland kommt, ist in meinen Augen keine geeignete Patin. Wie viele sind »Scheinpaten«, auch mit Patenschein. Das ist sicherlich kein böser Wille. Aber dann verliert man sich aus den Augen. Umzug oder andere Interessen. Freundschaften zerbrechen, Fremdheit schleicht sich ein. Patenschaft wird vergessen oder zur Peinlichkeit, bestenfalls zur Pflichtübung. Mehr nicht. Und das alles ohne Böswilligkeit. Eher unbewußt.

Nein, es geht leider nicht. So gut ich den Wunsch verstehe und gerne helfen würde, Pate kann man nicht mehr nachträglich werden. Patenschaften kann man nicht ändern. Ich könnte mich als Pfarrer herausreden und sagen: Ihr hättet das halt besser überlegen sollen, vorher. Aber das ist zu einfach. Denn das Patenamt ist eigentlich, das überrascht Sie vielleicht, nicht ein Amt der Familie, sondern ein Amt der christlichen Gemeinde. So war das eigentlich einmal gedacht: Die christliche Gemeinde wählt aus ihrer Mitte einen oder mehrere, die bei der Taufe dabeisein, also bezeugen können: Das Kind ist getauft. Und die dann gemeinsam mit den Eltern bis zur Religionsmündigkeit das Kind im christlichen Glauben und zur Gemeinde hin erziehen. So betrachtet ist die Bilanz traurig. Hat die Kirche es nicht verstanden, den Sinn des Patenamtes wachzuhalten?

Ich frage meine Konfirmanden. Ein Teil kennt die eigenen Paten nicht. Ein anderer Teil der Paten ist schon gestorben. Ein wiederum kleiner Teil hat eine ganz intensive Beziehung, mit ab und zu ein paar Tagen Ferien bei der Patentante oder gemeinsamen Unternehmungen mit dem Patenonkel. Selten, aber auch das gibt es, besuchen Paten mit den Konfirmanden zusammen den Gottesdienst und interessieren sich für die Konfirmandenzeit. Aber für die große Anzahl war die Patenschaft ein Flop. Sowohl menschlich als auch geistlich. Und das sagen sie auch ganz deutlich. Und sind enttäuscht.

Es ist toll, wenn ein Kind neben den Eltern Vertrauenspersonen, erwachsene Freunde hat. Es ist für die Eltern wichtig, daß sie bei schwierigen Entscheidungen nicht allein dastehen. Es ist unerläßlich, daß Kinder sich auch in Glaubensfragen an Erwachsenen orientieren können. Aber an der Tante in Amerika kann ich mich kaum orientieren, und das jährliche Weihnachtsgeschenk des Onkels aus Hamburg ersetzt nicht das wichtige Gespräch über Gott und die Welt. Ich will jetzt nicht alle Paten »zur Minna machen«. Ich stelle nur die tiefe Krise des Patenamtes fest und meine, die Kirche sollte nicht so freizügig mit Patenscheinen umgehen. Denn wer unbesehen Patenscheine sät, erntet Scheinpaten. Wer zu allem Ja und Amen sagt, erntet am Ende Schweigen. Das Übel beginnt nicht bei den Paten, sondern bei der Kirche, die dieses Amt selbst nicht ernst genug nimmt.

Vielleicht waren diese Zeilen ein kleiner Anstoß. Nicht zur Umsatzsteigerung der Spielzeugindustrie, sondern zu einem Anruf, zu einem Besuch – oder wenigstens zu einem Gebet für Ihr Patenkind.

Du sollst nicht auf dein Erbe warten

Aus einem Faltblatt von Schweizer Frauen habe ich die Anregung, die 10 Gebote nicht so allgemein, sondern einmal bezogen auf den Umgang mit alten Menschen zu lesen. Was aus dieser schweizerisch-deutschen Koproduktion geworden ist, teile ich Ihnen hier mit:

Du sollst keine anderen Götter neben mir haben.
Alte Menschen haben ein gutes Gespür dafür, was dir wichtig ist, welchen Göttern du hinterherrennst und auf welchen Altären du opferst.

Du sollst dir kein Bildnis machen.
Schieb die Menschen nicht einfach in Schubladen, da ersticken sie. Die pflegeleichte Oma aus der Werbung ist eine fatale Lüge. Sieh in der verwirrten und seltsam gewordenen alten Frau nicht nur eine Patientin oder einen Fall, sondern den Menschen in seiner Würde und in seiner Not.

Gedenke des Sabbats, daß du ihn heiligst.
Gibt es denn wirklich keinen Tag, an dem du zur Ruhe kommst? Nicht einmal am Sonntag? Selbst da dauernd der Blick zur Uhr, als ob deine Eltern, die du besuchst, dir die Zeit stehlen würden.

Ehre Vater und Mutter.
Denke nicht ans Erben, solange sie noch leben. Gib deine Verantwortung nicht einfach ab, indem du Geld zuschießt zur Pflege in einem Heim. Die Nachtschwester ersetzt nicht die Tochter, und der Zivildienstleistende ist kein Ersatz für den Sohn. Ehre Vater und Mutter, damit du selbst auch lange leben und alt werden kannst in einer Umgebung, die du liebst. Und vergiß die nicht, die keine Kinder haben. Es werden mehr und mehr. Ehre sie wie Vater und Mutter.

Du sollst nicht töten.
Wenn du Gift in den Rhein schüttest, tötest du vielfach. So ist es auch, wenn du Gift in Beziehungen schüttest. Sage nicht: Die ist für mich gestorben! Bau lieber Brücken über Gräben. Du bist selbst darauf angewiesen, daß andere dir Brücken bauen.

Du sollst die Ehe nicht brechen.
Trenn die alten Paare nicht. Wenn einer von beiden krank wird, mach's möglich, daß sie zusammenbleiben können. Steck den einen nicht ins Krankenhaus und den anderen ins Altersheim. Versuche zu verstehen, was es heißt, in diesem letzten Lebensabschnitt die Frau nicht bei sich zu haben, von Fremden betreut werden zu müssen. Es gibt auch Liebe unter alten Menschen, respektiere ihre Intimsphäre. Freue dich mit ihnen und laß das Lästern. Trenn die alten Paare nicht.

Stehlen sollst du nicht.
»Was macht denn unser kleines Mädchen heute?« fragst du am Bett einer 80jährigen Frau. Wie kannst du so etwas sagen? Wer bist du denn? Nimm den alten Menschen nicht die Würde. Entmündige keinen. Laß ihm seine Möbel, seine Fotos und seine Würde. Bestiehl den alten Menschen nicht.

Gib kein falsches Zeugnis über deinen Nächsten.
Ein falsches Zeugnis macht den anderen zum Knecht deiner Worte. Mach dir's nicht leicht, indem du alte Menschen als verwirrt abstempelst, ihnen Schwächen einredest oder ihnen vormachst, bei dir zu Hause sei die Welt heil.

Du sollst nicht begehren deines Nächsten Haus und alles, was dein Nächster hat.
Nütze die Gutmütigkeit und Offenheit alter Menschen nicht aus. Du spürst ja, wie sie sich freuen, wenn du kommst. Nütz das nicht aus. Du kommst schon mit Hintergedanken. Lüstern schaust du auf die alte Truhe und wirfst einen begehrlichen Blick aufs Sparbuch. Nein, laß dir deine Freundlichkeit nicht bezahlen. Und warte nicht auf das Erbe.

Schwachstelle mit Zukunftschancen

Der Mensch ist die Schwachstelle des Systems. Wenn irgendwo etwas passiert: Der Mensch ist die Schwachstelle. Nicht der Pkw, der im Vierten mühelos 220 auf die Autobahn bringt. Nicht der Computer an Bord des raketenbestückten U-Bootes im Pazifik. Nicht der technische Sicherheitsstandard deutscher Kernkraftwerke. Nicht das Entsorgungskonzept der Chemieunternehmen am Rhein. Nein, wenn es irgendwo kracht, brennt, wenn etwas passiert: menschliches Versagen. Der Mensch ist die Schwachstelle. Wenn man die Ursachenkette zurückverfolgt, wird man immer auf einen Menschen stoßen, der einen Fehler gemacht hat. Der Mensch ist fehlerhaft, störanfällig.

Nun frage ich mich: Wie geht man um mit Schwachstellen? Knallhart, in der Regel. Ein angeschlagener Mittfünfziger spürt das schnell, wenn er nochmals Arbeit sucht. Entweder du funktionierst oder nicht. Je schwieriger und komplizierter die wirtschaftliche Lage, um so weniger Menschlichkeit. Rücksicht kann man sich nicht erlauben. Wer die Norm nicht erfüllt, wird ersetzt. Vielleicht nicht gleich, aber auf Dauer.

Ich muß funktionieren. Ich muß stimmen. Ich muß genauso schnell sein. Ich muß recht behalten. Ich muß mich durchsetzen können. Und wenn das nicht geht, zudecken, verbergen, kaschieren, Fassade erhalten, Mund halten.

Da, wo der Mensch versagt, wo er gar mehrmals versagt, wird er ersetzt. Wenn es gar nicht anders geht, durch eine Maschine. Hier redet kein Technikfeind. Das ist so. Ein Computer ist nicht so anfällig wie ein Mensch. So moralisch integer wie eine Maschine wird ein Mensch nie sein. Sie wird nicht auf die Idee kommen, nach einer durchzechten Nacht die Frau im Betrieb anrufen zu lassen, der Mann liege mit Fieber im Bett. Eine Maschine trinkt nicht. Ein Computer raucht nicht. Er hat auch keine Familie, keine kranken Kinder, die ihn nachts dreimal aus dem Bett holen. Eine Maschine flirtet nicht und verschreibt sich nicht. Wenn doch, dann hat ein Mensch den Fehler gemacht.

Mich wundert nur, daß Gott nicht gleich Maschinen geschaffen hat anstelle der Menschen. Er hat sich, wenn ich der Bibel trauen darf, diese Schwachstelle Mensch herausgesucht, um seine Schöpfung zu bewahren, um Frieden zu stiften, um Gerechtigkeit zu üben. Mich wundert, daß Gott gerade Mensch wird, daß er sagt: Der Mensch Jesus von Nazareth, das ist mein Sohn. Das ist mein Ebenbild. So stelle ich mir den Menschen vor.

Ich staune darüber: Bei Gott haben die Schwachstellen Zukunft, werden nicht ersetzt. Ihnen wird vergeben. Gott heiligt die Schwachstellen.

Solange menschliches Leben an manchmal knallharte Bedingungen geknüpft ist, an Funktionieren und immer richtiges Verhalten, wird es mehr und mehr zu einem gnadenlosen Existenzkampf. Es wird immer wichtiger, wie wir mit unseren und mit den Fehlern der anderen umgehen.

Die Schwachstelle in der Kette ist das entscheidende Glied. Wenn die Schwachstelle bricht, reißt die Kette. Ein Leben läßt sich durch kein zweites ersetzen.

Nicht abgesandte Briefe

Montags ist bei uns die Post nicht so zahlreich wie sonst. Da liegt das Wochenende davor. Dienstags ist dann der Briefkasten wieder voll. Briefe, Rechnungen, Werbung – Sie kennen das.

Überhaupt ist das Briefeschreiben seltener geworden, Telefon oder gar ein Fax-Gerät ersetzen Papier und Tinte. Das geht auch schneller. Aber ich merke: Das ist nicht immer ein Vorteil.

Es hat sich bei mir mit der Zeit ein ganzer Ordner mit Briefen angesammelt, die ich wohl geschrieben, aber nicht abgeschickt habe. Die ich Gott sei Dank nicht abgeschickt habe, wenn ich's jetzt so im nachhinein betrachte. Darunter sind Briefe an Verwandte ebenso wie Briefe an meinen Ältestenkreis, den Dekan oder den Bischof.

Sie sind nicht vergessen, diese Briefe. Nur eben nicht abgeschickt. Meist spätabends oder in der Nacht geschrieben, wo man sich dann so richtig im Frust und Ärger suhlen kann, wo ein Wort das andere findet, die Welt um dich nur feindlich ist und du nun dieser ganzen Welt den Kopf zurecht und dich wieder ins richtige Licht setzen willst.

Wenn ich diese Briefe durchblättere: Was für ein Segen zum Teil, daß sie den Adressaten nicht erreicht haben.

Es gibt so eine Sorte von Briefen, gerade dann, wenn es um knifflige Fragen geht, um Beziehungen, Miteinander oder Gegeneinander, um Konflikte, da ist es tatsächlich besser, ich lasse ein, zwei Tage Zeit vergehen, bis ich sie wegschicke. Damit ich noch einmal bei klarem Verstand abwägen kann. In seinem Ärger, in seiner Verletztheit oder im Schmerz übertreibt man doch manchmal leicht und bringt dadurch einen Stein erst ins Rollen, der dann eine Menge Unheil anrichtet. Vollkommen unnötig.

Unsere schnelle Kommunikation ist auch eine aggressivere

Kommunikation. Ich habe ja auch die Gegenstücke zu Hause: Briefe, von denen ich mir wünschte, der Absender hätte sie nie so geschrieben. So verletzend, so hart. Weil die Haut so dünn ist, sind wir schnell bei einem Urteil, rasch bei einem Vorwurf. »Prüfet alles, und das Gute behaltet«, ist ein guter biblischer Rat. Oder andersherum: Prüfet alles, und nur das Gute schickt weg.

Die schnelle Kommunikation verleitet zur Aggressivität, führt zu nicht abgewogenen Urteilen und schafft neue Gräben. Im Zweifel, wenn's denn schon schnell gehen muß, habe ich mir eine eigene Regel angewöhnt, meist halte ich mich auch daran: Laß dir wenigstens noch ein Gebet lang Zeit, bevor du anrufst oder urteilst oder den Brief in den Kasten wirfst. Laß dir wenigstens noch ein Gebet lang Zeit. Das hat mich schon – und ich denke, auch manchen möglichen Gesprächspartner – vor noch schlimmeren Scherbenhaufen bewahrt. Und wenn ich eben für einen gebetet habe, dann werde ich anders mit ihm reden oder ihm anders schreiben. Vielleicht sogar beides sein lassen. Je nachdem, was eben besser ist. Jeden Ärger werde ich damit wohl nicht vermeiden, nur den unnötigen. Und wenn's denn sein muß, dann sollte man auch seinem Ärger Luft machen. Aber wirklich nur: ...wenn's denn sein muß. Ob es sein muß, das kann in vielen Fällen ein kurzes Gebet klären.

Guten Morgen
am Dienstag

Konfession: ausgetreten

Manchmal ist das richtig peinlich. Für beide Seiten. »Aber eines müssen wir Ihnen noch sagen, Herr Engelsberger...« Und da denk' ich mir schon, was kommt. »Wir sind beide aus der Kirche ausgetreten.« Das kommt schon hin und wieder mal vor, daß beide Eltern aus der Kirche ausgetreten sind, wenn sie ihr Kind zur Taufe anmelden. Ich hab's kurz überflogen: Bei knapp 260 Kindern, die ich in meiner jetzigen Gemeinde in den letzten 10 Jahren getauft habe, waren 17 Väter und 9 Mütter ausgetreten. Also eigentlich relativ wenig, wenn man die Klagen aus den größeren Städten hört.

Mir geht's gar nicht um die mehr oder weniger guten Gründe, die manche bewegen, auszutreten. Wobei die Sache mit dem Geld für mich der am wenigsten überzeugende Grund ist. Nein, mir geht es darum, daß in den Formularen, die man bei Taufe oder Hochzeit oder auf dem Standesamt auszufüllen hat, dann bei »Konfession« ein Strich steht. Oder »ausgetreten«. Konfession: ausgetreten.

Konfession heißt Bekenntnis, Zeugnis. Ist nicht nur einfach Zugehörigkeit zu einem Verein, sondern bedeutet eigentlich einen wichtigen Teil meiner selbst. Mein Zeugnis, mein Testament, mein Bekenntnis: ausgetreten.

Nun haben Menschen, die aus der Kirche ausgetreten sind, also keine Konfession mehr haben, doch keinen Strich oder kein Loch in ihrer Seele. Und viele sagen es mir auch: Ich bin eigentlich ein religiöser Mensch. Keine Frage, die Entfremdung wird auch von der Kirche genährt.

Was mich aber noch viel mehr beschäftigt als die Frage von Schuld und Grund für Kirchenaustritte, ist die Sache mit der »Konfession«, mit dem Bekenntnis. Habe ich recht mit meiner Annahme, daß unsere Zeit davon geprägt ist, daß wir und unsere Zeitgenossen uns immer weniger Bekenntnisse leisten? Die Parteien sind in einem Tief. Die Gewerkschaften haben einen Mitgliederschwund, da sind wir von der Kirche fast noch gut dran. Freiheit haben wir säen wollen, Unverbindlichkeit ist gewachsen, Egoismus werden wir ernten. Bekenntnisse sind unmodern geworden.

Jugendliche treten mit 14 aus dem Religionsunterricht aus, der sinnvollerweise dann auch noch in der ersten oder letzten Stunde liegt. So kann man dem Gewissen natürlich auch nachhelfen. Es ist in vielen Bereichen so. Bequemlichkeit anstelle von Auseinandersetzung. Was uns fehlt, ist eine Streitkultur, bei der unterschiedliche Meinungen wieder gefragt sind. Hier haben die letzten zwanzig Jahre deutliche Spuren hinterlassen. Aber wer sich nicht herauslehnt aus dem Fenster, hat den Horizont eines Schoßhundes. Der Strom wird breiter, je näher er ans Meer kommt. Und dort verliert sich jede Spur. Das ist es, was mich eigentlich am meisten beschäftigt, weil wir dabei sind, uns selbst immer austauschbarer zu machen. Ohne Profil, ohne Kontur, ohne Spur.

Die Konfessionen, die Überzeugungen sind so etwas wie die Falten im Gesicht eines Menschen. Sie wachsen mit ihm. Sie sind lebenswichtig. Für eine Kultur genauso wie für den einzelnen. Damit sich die Spur nicht verliert.

Sessel oder Stuhl

Ein Polstersessel und ein Stuhl standen schon lange nebeneinander. Immer wieder wählten die Menschen den Sessel, und der einfache Holzstuhl ging leer aus, dabei fühlte er sich kernig und gesund und hätte gern etwas getan. »Wie kommt es eigentlich, daß man dich bevorzugt?« fragte er eines Tages den Sessel. »Ich gebe nach«, sagte verbindlich der Sessel und lächelte. »Ich gebe nach, du bleibst hart.«

Ich will kein Lied der Unnachgiebigkeit singen. Sie wissen selbst, wo Sie Stuhl und wo Sie Sessel sind. Und Sie wissen auch selbst, daß das aufrechte Sitzen auf dem Stuhl am Ende gesünder ist als der nachgiebige Sessel. Der Freund gerät in Zorn, will dir helfen, schimpft und liebt. Der Schmeichler meint es meist nicht gut.

Aber wegen dieser paar Lebensweisheiten hätte ich die kleine Geschichte heute früh nicht erzählt. Ich bin auf sie gestoßen, als ich für einen Gottesdienst über die Frage nachdachte, warum eigentlich immer weniger Menschen an Gott glauben. Nur noch 56% der Deutschen im Westen glauben an Gott, nach der letzten Umfrage, die DER SPIEGEL veröffentlichte. Wie ich von Sesseln und Stühlen auf Gott komme?

Nun, ich glaube, wir von der Kirche sind in den letzten Jahren aus lauter Angst, der eine oder andere liefe uns davon, wenn wir ihn zu hart anfassen, dem Fehler aufgesessen, fast allen nach dem Mund zu reden.

Aber Reden von Gott ist nicht nur tröstendes, zärtliches Reden, es ist auch sperriges, kantiges, veränderndes – und dadurch vielleicht erst wirklich tröstendes Reden. Gott ist nicht das Schmieröl für alle nur möglichen festgefahrenen Räder. Der Mann aus Nazareth setzt Maßstäbe, dreht um, streitet, leidet in seiner Liebe. Wer nicht mit mir ist, ist gegen mich. Ich bin nicht gekommen, den Frieden zu bringen, sondern das Schwert. Man kann nicht zwei Herren dienen, Gott und dem Mammon.

Im Augenblick ist die Kuschelkirche sehr gefragt. Eine Nische, in die man sich zurückziehen kann, mit wenigen anderen Gleichgesinnten. Überschaubare Gruppe, verständige Menschen, sanfte Blicke, ein lieber Gott. Ich verstehe die Menschen, ich weiß auch, daß die Kirche bis in dieses Jahrhundert gerade meist den anderen Fehler gemacht hat, die Menschen zusammengestaucht, abgekanzelt, zurechtgewiesen, entmündigt hat. Jetzt wächst die Zahl der Menschen mit inneren und äußeren Wunden – und mit ihr die Sehnsucht nach Oasen, nach Erholung. Nur, diese Kuschelkirche birgt die Gefahr, daß das Wohlfühlen nicht wirklich heilt. So weh das tut, der Arzt muß die Wunde aufdecken, wenn er sie heilen will.

Nun ist die Kirche nicht der Arzt. Und wir tun gut daran, einladend, zuvorkommend, freundlich zu sein. Aber eben auch ehrlich. Ich bin der altmodischen Überzeugung, daß die Wahrheit, auch wenn sie weh tut, heilt. Und der Gott, von dem die Bibel erzählt, gleicht eher einem knorrigen, harten Stuhl als einem weichen, nachgiebigen Sessel. Gott schmeichelt nicht, Gott sei Dank schmeichelt Gott nicht. Sonst müßte ich ja doch Angst haben, daß es wieder einer nicht ehrlich meint. Natürlich ändert sich das Gottesbild, das wir Menschen uns machen, immer wieder. Aber eines ist Gott mit Sicherheit nicht: ein bequemer Sessel. Vielleicht sitze ich bei Gott etwas härter, aber ich sitze aufrecht.

Nach 300 km auf der Autobahn

Nach 300 km auf der Autobahn, spätestens dann, wird wohl jeder eine kleine Pause machen. Und wenn's nur darum geht, aufzutanken. Nach dreihundert Kilometern auf der Autobahn ist man etwas steif, braucht etwas Bewegung. Ich nehme an, Sie kennen das.

Nach 300 km auf der Autobahn fahre ich an die Tankstelle. Der Tankwart, ein junger, freundlicher Mann, füllt Benzin nach, und während das alles ganz von alleine geht, nimmt er Wasser, einen Schwamm und macht sich an meine Windschutzscheibe. Nach 300 km auf der Autobahn hat sie das nötig. Ich stehe daneben und schaue ihm zu. Er hat ganz schön damit zu tun, bis er all die Fliegenreste, Insektenteile, Tierreste weggeputzt hat. 300 km auf der Autobahn – was sind wir froh, wenn wir unfallfrei wieder zu Hause sind. Die Igel, Vögel, Katzen, Hasen sehen wir ja noch. Schweigen – wegen der Kinder. Aber dann an der Tankstelle, spätestens dann: die hunderte, tausende kleiner und kleinster Lebewesen, die gedankenlos in den Tag hineinlebten, von Baum zu Baum flogen, sich an der Sonne wärmten.

Sie kennen wahrscheinlich alle Gandhi. Den großen indischen Mann des Friedens, der Gerechtigkeit. Man nennt ihn manchmal in einem Atemzug mit dem Mann aus Nazareth. Gandhi, Vorbild einer ganzen Generation, wie Albert Schweitzer oder Martin Luther King.

Gandhi stammte aus einer Schule oder Klasse oder wie immer man das nennt, in der die Strenggläubigen zu Fuß ihrer Wege gingen, einen Staubwedel in der Hand und ein kleines Tuch vor dem Mund. Mit dem Wedel säuberten sie den Weg, damit sie ja nicht aus Versehen auf ein kleines Tier träten. Das Tuch vor dem Mund bewahrte jedes kleine Insekt davor, aus Versehen verschluckt zu werden.

Ich weiß auch, daß das bei uns so nicht geht. Aber nach 300 km Autobahn macht man sich schon so seine Gedanken, wenn man noch Augen hat für das Leben und nicht nur für die Landkarte, den Tacho und die Benzinpreise.

Verrückt, nicht wahr? Verrückt, der Gandhi damals, oder sind's etwa wir?

Luther-Eiche

Mit einer großen Gemeindegruppe aus Wiesloch war ich Mitte Januar in Wittenberg. Lutherhaus, Stadtkirche, Schloßkirche, Melanchthonhaus – wir waren an den Stätten, die seit einigen Jahrhunderten Protestanten aus aller Herren Länder zur Wiege der Reformation locken.

Immer, wenn Wesentliches geschieht, wird ein Denkmal gebaut, eine Tafel errichtet oder ein Baum gepflanzt. Nicht anders in Wittenberg. Und da der beständigste aller deutschen Bäume die Eiche zu sein scheint, gibt es in Wittenberg eine Luther-Eiche. Vielmehr, sie gab es. Oder noch besser, sie gibt es wieder. Das verhält sich so:

Im Juni 1520 sandte der Papst in Rom dem rebellischen Wittenberger Mönch die Bannandrohungsbulle. Er sollte innerhalb von 60 Tagen seine Lehre widerrufen. Sie wissen alle: Er tat das nicht. Im Gegenteil, vor den Toren Wittenbergs verbrannten exakt am 60. Tag Luther und die Seinen die päpstliche Bulle. An dieser Stelle soll nun bald darauf eine Eiche gepflanzt worden sein. Einer alten Legende zufolge geschah dies schon am Tag nach Luthers spektakulärer Aktion.

Was ist aus der Eiche geworden? Wir standen bei Nacht und Kälte in Wittenberg vor einem Baum, der wohl schön anzusehen, aber nun bei aller Liebe keine 470 Jahre alt war. Kann auch nicht sein. Denn die alte Luther-Eiche wurde 1813 von französischen Besatzungssoldaten unter Napoleon gefällt. Die übliche Geschichte: Die Besatzer behaupteten, sie wollten damit dem Brennstoffmangel in Wittenberg abhelfen.

1830 wurde eine neue Eiche gepflanzt. Am Heiligabend 1904 versuchte ein Unbekannter, diese Eiche zu fällen, hatte den Stamm schon halb durchgesägt, als man ihn erwischte und davonjagte. Böse protestantische Zungen behaupteten sofort, das müsse ein Jesuit gewesen sein. Nun, was tun mit einer halb zersägten Eiche? Sie wurde behandelt und gerettet. Die Narbe sieht man heute noch.

Und trotzdem, auch wenn diese Narbe gut verheilt ist, seit Mitte der 50er Jahre teilt diese Eiche das Schicksal vieler Bäume. Sie stirbt langsam. Ob das nun an den Streusalzen im Winter liegt, an den Gasleitungen, die im Wurzelbereich des Baumes verlaufen, oder an der Verbreiterung der Straßenkreuzung vor der Eiche, vielleicht auch an der verschmutzten Luft – diese Eiche stirbt. Napoleons Truppen, ein fanatischer Baumschänder, die Luft, der Verkehr. Eines Tages wird man eine neue Eiche pflanzen müssen.

Luther hat einmal der Legende nach von einem Apfelbäumchen geredet, das er noch pflanzen wolle, selbst wenn er wisse, daß morgen die Welt untergeht. Vermutlich ist gegen den Raubbau der Menschen bislang keine Eiche und kein Apfelbaum, geschweige denn ein Kraut gewachsen.

Wie sich die Zeiten ändern: 1540 klagte ein Lutheranhänger, es sei »beinahe kein Berg,… kein Tal, kein Wald, endlich auch Eiche, Weide oder Buche, zu denen man nicht eine Wallfahrt machte«.[2]

Heute möchte man solche Fahrten organisieren, nicht um die Bäume anzubeten, sondern um die Menschen mit der Nase auf die Wunden der Natur zu stoßen. »Die ängstliche Kreatur«, schreibt Paulus, »wartet darauf, daß wir Menschen uns als Kinder Gottes erweisen.« Das wäre fürwahr ein Segen, nicht nur für die Luther-Eiche in Wittenberg und ihre etwas weniger berühmten Kolleginnen und Kollegen.

Midlife-Krise

Manchmal treffen wir uns beim Joggen im Wald. Abends zwischen halb sechs und halb acht. Gequältes Lächeln hin und her nach zwei Runden. Oder Sie treffen meine Frau im Reformhaus, wenn sie Müsli oder irgend etwas Gesundes für mich einkauft. Andere stürzen sich noch einmal voll in den Beruf, dritte in eine neue Ehe.

Wir Menschen in der Mitte des Lebens sind ein stabilisierender Faktor. Die Hörner, meint der Volksmund, seien nun wohl abgestoßen, die Träume entweder verwirklicht oder zu den Akten gelegt, sachlich, realistisch sind wir. Routine hat die Kraft der Begeisterung ersetzt. Wir gewinnen dem Alltag plötzlich durchaus positive Seiten ab. Wir haben uns eingerichtet.

Manche beginnen mit Ahnenforschung und stellen Stammbäume der Familie zusammen, zurück bis zum 30jährigen Krieg. Oder bauen Häuser, einige sogar Kirchen oder Glockentürme oder Stadthallen. Es gibt welche, die machen Weltreisen, andere schreiben Bücher. Viele sind aber ganz normal. Oder fügen sich, manche bis zum Magengeschwür. Oder schweigen. Aber immer wieder gibt es ein Erwachen, ein Aufbrechen, ein kurzes Erschrecken. Die Frage bleibt: Was soll ich tun? Fragen zwischen 40 und 50.

Die Medien sind voll von guten Ratschlägen: vier Seiten richtige Ernährung, drei Seiten Stretching und Bewegung. Ginseng, Knoblauch, Haferkleie und Lecithin. Rumpfbeugen, *Brigitte*-Diät, Heilfasten und Yoga. Was soll ich tun? Ich werde älter, nichts bleibt. Was war, reicht für die Gegenwart, nicht für die Zukunft. Was soll ich tun? Zweimal die Woche Blutdruck messen, einmal im Monat Cholesterin, Spargel aus eigener Züchtung. Mistel gegen Krebs, Vitamin C gegen Grippe und Bierhefe für die Nerven. Tägliches Wiegen, modische Kleidung, sportliches Auto.

Was soll ich tun? Da kommt einer zu Jesus und fragt: »Meister, was soll ich tun, damit ich das ewige Leben erbe?« Einer von uns, der nach all dem Aufbauen, Einrichten nun nach dem Sinn fragt. Ein religiöser Mensch offensichtlich. Wie viele unter uns sind religiöser, als sie es nach außen zeigen. Da hat einer Freude gefunden am Leben und spürt die Grenzen, da sucht einer nach Sinn und nach Bestätigung dieses Sinns.

Die Antwort Jesu ist provozierend aktuell: Du sollst lassen! Jesus sah ihn an, gewann ihn lieb und sprach zu ihm: »Eines fehlt dir. Geh hin, verkaufe alles, was du hast, und gib es den Armen.«

Er hat uns genau an dem Punkt, wo wir ihm nicht folgen. Wo sich unsere Wege trennen. Wo es wie Teer an unseren Füßen klebt, wo ein Gemisch aus Vergangenheit, Gegenwart, Bequemlichkeit, Angst und erster Müdigkeit uns hindert, ihm zu folgen. Wir wollen machen, und Jesus redet vom Lassen.

»Reichtum« heißt: Da kann einer nicht aus seiner Rolle fallen, aus seiner Haut fahren. Und darum ist er nicht mehr fähig zur Nachfolge. Es ist die Wahl zwischen Gegenwart und Zukunft. Oder deutlicher: zwischen Tun und Lassen. Zwischen Haben und Sein. Zwischen Stehenbleiben und Nachfolgen.

Menschen in der Lebensmitte haben es aus vielerlei Gründen am schwersten mit der Nachfolge. Wir haben Gottes Entgegenkommen am nötigsten. Ich brauche einen Halt, wenn ich loslassen üben will.

Ist das ein Leben?

Unter einem Sauerampferfeld lebten zwei Regenwürmer. Tag für Tag gruben sie Gänge unter dem Sauerampfer, warteten, bis etwas Regen von oben herunterdrang, und ernährten sich von Sauerampferwurzeln. Eines Tages sagte der eine zum anderen: »Du, mir reicht das jetzt, immer dieses Sauerampferfeld mit Sauerampferwurzeln und in dieser Dunkelheit! Ich möchte hinaus in die Welt und etwas erleben.« Sprach's, packte sein Köfferchen und grub einen Gang zur Erdoberfläche. Was war das für ein herrliches Gefühl, die Sonne, die Gräser, die Schmetterlinge, die Gerüche und Geräusche! Tief atmete er durch und machte sich auf den Weg. Er kam nicht weit. Schon kurz vor dem nächsten Feldweg kam eine Amsel und fraß ihn auf.

Der andere Regenwurm jedoch blieb treu und brav unter der Erde, wo es dunkel ist, ernährte sich von Sauerampferwurzeln und Sauerampfersaft. Er wurde auch nie von einer Amsel gefressen und blieb die längste Zeit am Leben. Aber sagt mir selbst – ist das ein Leben?[3]

Nun stöhnen sie wieder über den Unterricht, jubeln über Hitzefrei und ausgefallene Stunden, brüten über Arbeiten und Tests, müssen nebenher noch mit sich selbst, mit Freunden und Freundinnen ins reine kommen. Die Schule hat wieder begonnen. In einem Bändchen mit Schulgebeten habe ich den Stoßseufzer gelesen: »O Gott, heute kommt die Englischarbeit korrigiert zurück. Was ich geschrieben habe, das habe ich geschrieben. Das läßt sich jetzt nicht mehr ändern.« Man macht es sich selten klar, daß die Schule unsere Kinder mindestens genauso prägt wie die Familie. Von den 8760 Stunden eines Jahres verbringen sie über 1500 in der Schule oder mit Hausaufgaben.

Nicht für die Schule, heißt es, sollen sie lernen, sondern fürs

Leben. Aber dann müßte doch eine ganze Reihe weiterer Fächer unterrichtet werden: Spielen und Liebhaben, Verzeihen und Träumen oder Träume-Verwirklichen. So vieles hat zwischen Klingel und Gong, in Klassenzimmern und Sporthallen keinen Platz, was wichtig wäre. Rechnen, Schreiben, Englisch, Formeln, Grammatik, Zahlen – sagt mir selbst – ist das das Leben?

Ich weiß es aus eigener Erfahrung: Jeder Lehrer nimmt sich bei Schulanfang vor, es diesmal besser zu machen, und dann regiert mehr und mehr doch der Sauerampfer das Geschehen.

Wollen Sie denn, daß die alle gefressen werden wie der vorwitzige Regenwurm? Das nicht. Ich möchte nur, daß sie leben. Im übrigen – ich habe es mir während der Studentenzeit über den Schreibtisch gehängt – steht im Buch Prediger: »Und über allem, mein Sohn, laß dich warnen, denn des vielen Büchermachens ist kein Ende, und viel Studieren macht den Leib müde.« Recht hat er, der Prediger vor zweieinhalb Jahrtausenden. Leben in Fülle ist uns verheißen. Ein klein wenig mehr davon täte nicht nur unseren Kindern gut.

Steinhart

Am liebsten wäre ich aus dem Auto gestiegen, um zu schimpfen, mindestens zu schimpfen. So habe ich »gekocht«. Da stand er auf der kleinen Brücke mit seinem dicken Auto, zwei Klassen besser als meines. Alle Vorurteile wurden wieder einmal bestätigt. Ich war blockiert. Vorne stand er, hinter mir der Verkehr, und die Gegenfahrbahn, die ich kreuzen mußte, um über die kleine Brücke zum Pfarrhaus zu kommen, war durch mich verstopft. Und er bewegte sich nicht. Ich rege mich jetzt noch auf, wenn ich davon erzähle. Er war im Unrecht. Hätte mich nach den Hinweisschildern vorbeilassen müssen. Nur drei, vier Meter zurückfahren. Aber nein. Mit einer demonstrativen Eiseskälte fuhr er noch weiter vor und sperrte mich vollends ein.

Sowas bringt mich zur Weißglut. Dort eiskalte Unverschämtheit, und ich selber vollkommen hilflos. Ich habe hinter ihm auf das Hinweisschild gezeigt, ihn mit Gesten gebeten, doch zurückzufahren. Er schaute, ohne die Miene zu verziehen, durch mich hindurch, über mich hinweg. Zwei, drei Minuten standen wir so. Bis hinter mir der Verkehr eine Lücke ließ und ich zurückfahren konnte. Um ihn vorbeizulassen. Der dann als Sieger das Schlachtfeld Straße verließ. Bei mir rebellierte das Herz vor Ärger. Wenn mich etwas auf die Palme bringt, dann ist es die Hilflosigkeit gegen Unrecht. Auch bei Kleinigkeiten. Die Machtlosigkeit gegen Kälte und die Ohnmacht angesichts von Härte.

Irgendwo habe ich folgenden Satz aufgeschnappt, ich weiß nicht mehr, wo: »Die Steine wurden gefragt: Wollt ihr nicht wie Menschen werden? Sie sagten: Dazu sind wir nicht hart genug.«

Das hat mich an Friedrich Nietzsche erinnert. Er wirft dem Christentum vor, es bete die Schwäche, die Krankheit an. »Was ist gut?« fragt Nietzsche. Und er antwortet: »Alles, was das Gefühl der Macht, den Willen zur Macht, die Macht selbst im Menschen erhöht. Was ist schlecht? – Alles, was aus der Schwäche stammt. Was ist Glück? – Das Gefühl davon, daß Macht wächst.« Und er fährt fort: »Die Schwachen und Mißratnen sollen zugrunde gehn... Und man soll ihnen noch dazu helfen.«[4] Diese Saat ist vielfach aufgegangen unter uns, bewußt oder unbewußt.

Die Kaltschnäuzigkeit, mit der wir in den reichen Industrienationen auf Kosten der früher einmal reichen, heute verarmten Länder der Welt leben. Die Hartherzigkeit, mit der wir mit Unfallopfern, Hungertoten und Krebsrisiken kalkulieren, daß man manchmal fragt: Wo haben die Menschen ihr Herz, die ganz sachlich bleiben können bei Arbeitslosenstatistiken; die die Schadstoffrisiken berechnen wie Fußballtabellen.

Ich wünsche mir eine Kirche mit Herz, ich wünsche mir Christen mit Herz. Die Steine wurden gefragt: Wollt ihr nicht wie Menschen werden? Sie sagten: Dazu sind wir nicht hart genug. Herzen aus Stein die Härte zu nehmen, dafür ist Jesus Christus auch seinen Weg gegangen. Die kaputten, zu Stein gewordenen Ebenbilder Gottes wieder herzustellen. Lassen Sie sich bitte durch noch so schlechte Erfahrungen nicht wieder verhärten. Das Herz ist nach biblischer Vorstellung nicht nur Sitz der Gefühle, sondern auch des Verstandes. Wer herzlos ist, der hat auch keinen Verstand. Mit dem Herzen verstehen und mit der Seele sehen, was wäre das für eine Welt! Steine wären wieder dazu da, Straßen und Häuser zu bauen. Und nicht, Herzen zu ersetzen.

Wenn Eltern über Kinder streiten

Wir saßen im Kindergottesdienst zusammen. Die Gruppe der Großen. Sie sind zwischen 10 und 13 Jahre alt. Über Einheit in der Familie sprachen wir. Und da sagte ein Mädchen: »Am schlimmsten ist es, wenn meine Eltern streiten, und ich bin der Grund für ihren Streit.«

Das war mir gar nicht bewußt gewesen. Die Angst von Kindern, schuld an einem Streit der Eltern zu sein. Kinder aus geschiedenen Ehen sind doppelt sensibel, und die anderen auch hellhörig, wenn die Eltern streiten. Das ist nicht mehr so wie früher, daß man sich dann eben verzogen hat, bis die Luft wieder rein war. Unsere Kinder sehen, wie Familien zerbrechen. Und reden auch oft darüber. Untereinander. Da ist vieles Gesprächsstoff, von dem wir keine Ahnung haben. Und da wird vieles Grund zur Angst. Ich habe Kinder kennengelernt, die nach einem Streit der Eltern vollkommen aufgelöst waren. Panische Angst: »Laßt ihr euch jetzt scheiden?«

Und worüber da gestritten wird, haben sie mir auch erzählt. Über Noten in der Schule, Vorwürfe hin und zurück. Schuld verteilen. »Wenn ich mit Mathe Probleme habe, kriegen meine Eltern Krach«, sagt mir ein Junge. Er hat was nicht kapiert, hat eine Arbeit verbockt, und sie kriegen Krach. Unvorstellbar eigentlich, wenn man es dann aus Kindermund hört, aber ich will mich da als Vater gar nicht ausnehmen.

Ich glaube wirklich, es ist uns als Eltern selten bewußt, was wir unseren Kindern antun. Wenn ich mit meiner Frau streite, weil unsere Hanna mal wieder Türen und Wände bemalt oder Christoph auf dem Teppichboden klebt: »Bei dir dürfen sie eben alles!« Peng! Schuld verteilt. Fall geklärt. Der Vater ist aus dem Schneider, die Mutter hat ihr Fett weg. Und was ist mit Hanna und Christoph? Im besten Fall merken sie, daß sie was falsch gemacht haben.

Stellen Sie sich einmal vor, ein Kind büffelt und büffelt, damit die Eltern zu Hause keinen Streit mehr kriegen. Hanna malt nicht mehr, und Christoph bastelt nicht mehr, nur daß ja nichts passiert, was wieder zum Krach der Eltern führen könnte. Denn davor haben sie Angst. Das spricht sich rum, wie so ein Krach und noch so ein Krach enden können.

Das hat nun mit Jesus und Kirche und Glauben nicht viel zu tun. Aber mich hat das einfach sehr hellhörig gemacht. Wenn unsere Kinder nachher im Kindergarten oder in der Schule erzählen: »Der Papa hat mit der Mama geschimpft. Ganz laut.« Das bleibt als Erinnerung. Auch wenn sie es nicht weitererzählen. Das gibt es ja schließlich auch noch in vielen Familien: Aber nach außen kein Wort! Dabei ist das meist gar nicht mehr nötig, weil die Nachbarn nicht schwerhörig sind.

Behutsamer sollten wir umgehen mit den Seelen unserer Kinder. Und miteinander als Eltern. Wenn zwei, die ich liebhabe, miteinander streiten wegen mir, dann herrscht in meiner Kinderseele Panik. Ich will doch keinen verlieren. Und schon gar nicht will ich der Grund sein, daß sie streiten. Oder sich anschweigen. Oder sich aus dem Weg gehen.

Und wenn's schon mal passiert ist, dann sollten wir unseren Kindern auch zeigen, wie schön es ist, wenn man sich wieder mag. So richtig mag. Ohne Wenn und Aber. Und dann kann man vielleicht, so ganz nebenbei, auch sagen: Du Christoph, das mit dem Klebstoff war schon blöd. Aber das, was ich zur Mama gesagt habe, auch.

Einfache Fragen

Es war am letzten Buß- und Bettag. Abends gegen sechs stand er vor der Tür und wollte mich sprechen. Er kenne mich als einen fröhlichen Pfarrer. Und heute morgen hätte ich im Gottesdienst einen so traurigen, resignierten Eindruck gemacht. Er wolle mir wieder Mut machen, mehr eigentlich nicht.

Wir kamen ins Gespräch. Die Menschen, meinte er, wollen von der Kirche eigentlich nur Antworten auf die ganz einfachen Fragen.

Welche einfachen Fragen?

Na ja, wo komme ich her? Wo gehe ich hin? Was ist mit Krankheit und Tod? Wie gehe ich um mit Glück und Unglück?

Ich mußte mehrmals schlucken. Einfache Fragen! Aber er hat recht, dachte ich. Er hat recht. Das ist es, was die Menschen beschäftigt: Wo komme ich her? Wo gehe ich hin? Was ist mit Krankheit und Tod, mit Glück und Unglück? Wie komme ich im Leben zurecht?

Ganz einfache Fragen. Er hat recht. Aber, so sagte ich, die Antwort ist so furchtbar kompliziert.

Das Gespräch liegt nun schon zwei Monate zurück. Es geht mir immer noch nicht aus dem Kopf. Die einfachen Fragen der Menschen und unsere komplizierten Antworten. Mich tröstet, daß der Mann aus Nazareth auch nicht immer einfache Antworten gab. Er redete gern in Gleichnissen. Selbst die Jünger haben ihn manchmal nicht verstanden. Mußten ihn um Erklärungen bitten. Aber das sind eben auch ganz einfache Sätze. Und das sind die Sätze, die mich umtreiben:

- Verkaufe deinen Besitz und gib das Geld den Armen.
- Ihr könnt nicht zwei Herren dienen, Gott und dem Geld.
- Wer das Schwert ergreift, wird durch das Schwert umkommen.

- Ich bin das Licht der Welt.
- Bittet, so wird euch gegeben.
- Laß die Toten ihre Toten begraben.
- Was Gott zusammengefügt hat, soll der Mensch nicht scheiden.

Wir bringen es nicht fertig, diese einfachen Sätze stehenzulassen. Auch mir gelingt es nicht. Und doch sehe ich, daß gerade deshalb eine Menge von der Kraft dessen, was Jesus sagt, in unseren differenzierten und gut überlegten Antworten verlorengeht. Nun hat Jesus auch nicht immer einfach geantwortet. Das Suchen nach Antworten, das Studieren, das Auseinandersetzen, das Lesen, das Diskutieren muß sein. Wir reden nicht mit der Vollmacht des Nazareners. Wir sind Schüler, ein Leben lang.

Und noch ein Weiteres. Eine einfache Antwort soll keine unüberlegte Antwort sein. Wenn ich zu einem Arzt gehe, soll er mich gründlich untersuchen, überlegen, vielleicht sich auch mit einem anderen austauschen, dann soll er mein Blut untersuchen, die Werte überprüfen. Soll mit mir sprechen, ausführlich, soll sich Zeit nehmen, vieles bedenken, was vielleicht gar nicht direkt mit der Krankheit zu tun hat. Ich erwarte, daß er gründlich arbeitet und nachdenkt, bevor er mir sagt, in einfachen Worten dann sagt, was mir fehlt, und wie zu helfen ist.

Das ist es wahrscheinlich. Der Freund aus meiner Gemeinde will keine unüberlegten Antworten, er will einfache Antworten. Nachdem ich mir Gedanken gemacht habe. Wenn wir auf eine Lebensfrage Antwort geben, dann ist das für den Fragenden von Belang. Er will wissen, was wir als Christen zu sagen haben. Aber bitte mit Verstand und nach gutem Überlegen. Lieber keine Antwort als eine unüberlegte.

Die Menschen wollen wohl einfache Antworten auf die ganz einfachen Fragen. Aber sie wollen auch tragfähige Antworten. Gut überlegt.

Man sollte sich manchmal ein Gebet lang Zeit lassen, bevor man eine Antwort gibt. Zumindest dies: ein Gebet lang Zeit lassen. Denn die einfachen Antworten sind die schwierigsten.

Der Mann mit der Axt

Da steht also einer mit der Axt in der Hand und sagt: Jetzt ist Schluß. Du hast lange genug meine Geduld strapaziert. Schluß jetzt! Johannes predigt es am Jordan. Gott hat ausgeholt mit der Axt. Keine Weichspüler-Religion mehr, kein Nächstenliebe-Verschnitt, nicht Sandmännchen-Zeit. Jetzt ist Schluß.

Und da kommt ein anderer, hat einen Spaten in der Hand. Er greift dem mit der Axt in den Arm und sagt: »Laß noch. Laß mich nochmal den Boden umgraben und düngen. Laß mich nochmal die Steine herauslesen und das Unkraut jäten. Laß mich ihn noch einmal pflegen. Ein Jahr, von Frühling bis in den Winter.«

Wie viele von uns wären froh über dieses eine zusätzlich geschenkte Jahr eines Lebens. Noch ein ganzes Jahr. Fast ein Leben. Laß es mich, bevor du mit der Axt kommst, mit dem Spaten versuchen. Vielleicht daß der Baum dann ein, zwei Blüten trägt, die nicht erfrieren, an Zweigen, die der Sturm nicht knickt, mit Früchten, die nicht faulen.

So einen bräuchte ich dann, so einen Gott, der sich schützend vor mich stellt, der mich zu Atem kommen läßt. So einen bräuchten wir, der Geduld mit uns hat. Der weiß, daß es nicht einfach ist, daß es wahrscheinlich nie einfach war, sich in dieser Welt einigermaßen zurechtzufinden, ohne zu treten und getreten zu werden. Einen, der Schuld tragen hilft. So einen bräuchte die Welt: Einen, der nicht zu allem Ja und Amen sagt, der aber Zeit läßt, umzukehren, umzudenken. Die Generation meiner Eltern hat diese Zeit nicht gehabt. Einige davon vielleicht. Aber die Mehrheit mußte schauen, daß sie in Trümmern und nach der Währungsreform einigermaßen über die Runden kam. Und meine eigene Generation nimmt sich die Zeit nicht. Und wird am Ende mit Psalm 90 sagen: »Unser Leben fährt schnell dahin, als flögen wir davon. Unsere Jahre verbringen wir wie ein Geschwätz.«

Einen Gärtner bräuchten wir, der Leben wachsen und gedeihen läßt im Garten des Menschlichen. Einen geduldigen Gärtner. Jesus, der Gärtner, fällt Gott, seinem Vater, in den Arm und sagt: Du hast recht. Da ist nicht viel zu holen bei denen. Die Kirchen werden leer, aber das ist ja nicht das Schlimmste. Die Häuser der Fremden brennen, die Renten der Witwen reichen nicht, die Waisen steckt man in Heime, und einer neidet dem anderen den Segen. Ja, du hast sie gepflanzt, du hast ihnen mehr als anderen deine Liebe geschenkt. Sie hatten sie auch nötig nach alldem, was geschehen war. Aber nun müßte man nach so vielen Jahren schon was sehen, Erfolge, Früchte. Der Hunger müßte verschwinden, die Kriege seltener, die Urteile schonender, die Hoffnung größer, die Liebe ehrlicher, die Grenzen offener, die Lieder fröhlicher, die Gemeinden einladender sein. Du hast recht, sagt Jesus zu seinem Vater, eigentlich müßte man längst Freude an den Früchten haben. Aber ein Jahr. Und vielleicht bricht doch aus dem Stein ihrer Herzen Wasser, vielleicht blüht der Mandelzweig und die Bäume trauen sich – einer nach dem anderen – ihre Frucht zu zeigen.

Es ist ja gar nicht so, daß wir nichts tragen. Es gibt schon viel Gutes, Mutiges, Ehrliches, soviel Liebe. Wir sind nur so halbherzig. Wir drehen unserer Frucht den Saft ab mitten im Wachsen. Und dann fällt sie ab. Wir haben Angst vor der Courage.

Und dann kommt der Nazarener und sagt: Mein Freund, ich will mich noch mehr kümmern um dich als bisher, aber trau dir's doch mal zu, zu wachsen. Da steckt soviel Gutes in dir, soviel Phantasie, soviel Schöpferisches, soviel Freundlichkeit und Wärme, soviel Fähigkeit zu lieben, zu vergeben, zu lachen. Soviel Mitleid und Eindeutigkeit.

In dieser Spannung zwischen dem Gott mit der Axt und dem Gott mit dem Spaten leben wir. Ich will die Axt nicht wegreden, das geht auch gar nicht. Wir spüren sie so oft.

Ich will nur Mut machen, trotz alledem die geschenkte Zeit

zu nützen zum eigenen Wachsen. Nicht allein, zusammen wachsen. So wie in einem Wald die Wurzeln zusammenwachsen und selbst an steilen Abhängen einen sicheren Halt bieten. Einer deckt die Wetterseite des anderen.

Wege, die sich nie kreuzen, sind vertane Wege. Worte, die keiner hört, Gaben, die sich verstecken, und Hände, die sich nie spüren, werden auf Dauer zur Lüge.

In einer Welt, in der man sich so sehr an Verlogenheit gewöhnt hat, fällt jeder, der umkehrt, aus der Rolle. Vielleicht wird man Christen eines Tages gerade daran erkennen.

Guten Morgen am Mittwoch

Tohuwabohu

Tohuwabohu ist ein hebräisches Wort. Tohuwabohu. So steht das ganz am Anfang der Bibel. Die Erde war »tohu wa bohu«, die Erde war wüst und leer, bevor Gott sie zu gestalten begann.

Ich habe Anfang dieses Jahres, in einer Jahreszeit, in der bei uns keine Rosen blühen, im Gottesdienst eine Rose mit zum Altar genommen. Ich habe etwas getan, was ich sonst nicht tue. Ich bin so umgegangen mit der Rose, wie man eben in dieser Welt oft genug mit Pflanzen, mit Tieren und der Erde, mit Menschen und ihren Geheimnissen umgeht. Ich habe sie zerlegt.

Mit guten Argumenten: Ich will hinter das Geheimnis ihres Duftes kommen. Oder ich möchte die Quelle ihrer wunderschönen Farben sehen. So gehen wir doch um mit der Welt, oder nicht? Wir zerlegen doch, wir zerpflücken, wir versuchen, dem Leben das letzte Geheimnis zu entlocken. Und da ich größer und stärker war als die Rose, konnte sie sich mit ihren paar Dornen gar nicht wehren gegen mich.

Sie hätten die Kinder sehen sollen. Es war ganz still in der Kirche. Die Kinder sahen, wie ich die Blütenblätter abpflückte, die Blätter abriß und den Stengel brach. Was übrig war, nennen wir Menschen Abfall. Kurz zuvor war es noch eine Rose. Und das Schlimme war jetzt eigentlich: Es führte kein Weg mehr zurück. Es war nicht mehr möglich, aus dem »Abfall« wieder eine Rose zu machen. Ich hatte das Geheimnis der Rose gebrochen, ihr Wunder entzaubert, und keiner hatte Freude daran. Hätte sie nur größere Dornen gehabt, die Rose.

Auch Menschen bräuchten manchmal Dornen. Wenn andere um mich die Scham verlieren, wenn sie unverschämt werden, wenn sie in mein Geheimnis eindringen, mich auf die Bühne zerren und mich benutzen wollen. Dann muß ich mich wehren, oder ich brauche die Hilfe anderer, damit die Ordnung, die allen gleichermaßen nützen soll, erhalten bleibt. Tohuwabohu. Wenn wir Menschen hinter das letzte Geheimnis der Schöpfung gekommen sind, dann ist die Erde wieder das, was sie war, bevor Gott gestaltend eingriff. Tohuwabohu. Wüst und leer.

Es scheint, es ist immer weniger heilig, bald nichts mehr. Wir sind zunehmend unfähig, uns mit Verlusten oder mit der Tatsache abzufinden, daß uns etwas von der Natur versagt bleibt. Der Grund? Vielleicht die Angst vor dem Tod. Vielleicht der Wissensdurst, vielleicht die Überzeugung, man bräuchte auf nichts mehr verzichten, könne sich alles leisten.

Nun, ich will nicht nur jammern. Aber die Kinder waren damals doch betroffen. Sie hatten etwas verspürt, als da der Rosenabfall auf dem Altar lag. Und vielleicht waren einige Sensible darunter, die die ganze Rose, die ich jedem Gottesdienstbesucher am Ende schenkte, doch nicht so recht tröstete? Vielleicht helfen sie eines Tages mit, Ehrfurcht wieder unter die gängigen Tugenden aufzunehmen.

Ein Sonntag, ein Wochenende reichen nicht aus, um Zerpflücktes, Zerrissenes wieder ganz zu machen. Vielleicht ein Urlaub, Ferien. Aber auch dort erholen sich die Verwundeten und Zerrissenen nur, wenn anschließend keiner mehr Hand an sie legt. Sie wissen selbst, wie lange Wiesen und Berghänge nach der Urlaubssaison brauchen, um sich von den Menschen zu erholen, die jeden Schlupfwinkel, jedes schöne Fleckchen Erde in Beschlag nehmen. Nicht anders geht es einer Menschenseele. Ich wünsche Ihnen, daß sich Ihre niedergetretene Seele wieder aufrichtet, wie Grashalme nach einer Zeit der Schonung.

Lachen ist gesund

Luther hat ja noch gelacht, erdig und herzhaft. 20 Jahrhunderte nach dem Osterlachen meint die übergroße Mehrheit, Christen erkenne man am ernsten Blick. Man hält uns für die notorischen Spielverderber, Moralisten, Nörgler, Schwarzkittel und Miesmacher. Freut sich mal einer so richtig – uns fällt gleich was ein, damit ihm die Freude vergeht. Nicht an den Lachfalten erkennt man uns Christen, eher an jenem griesgrämig-spießig-verständigen Einheitsblick, der die Aufgeweckten unter den Zeitgenossen in die Flucht treibt und die Trauernden, Klagenden zum Schweigen bringt.

Dabei muß das damals doch ganz anders gewesen sein. Bei der Hochzeit in Kana, bei der Heilung von so vielen. Oder als Petrus baden ging und der kurzbeinige Zachäus knallroten Kopfes vom Baum kletterte. Ich höre das Lachen am Berg noch wie von nebenan, als Tausende satt wurden von wenigen Broten und Fischen. Und ich sehe vor mir den Gelähmten, der sein Bett schultert und durch die Menge nach Hause geht. Ich höre die Engel jubeln in Bethlehem und den Blinden vor Freude schreien. Frohe Botschaft, gute Nachricht: »Selig seid ihr, die ihr jetzt weint, denn ihr werdet lachen.«

Ich weiß, manchmal erstickt einem das Lachen im Hals. Bleibt einfach stecken und findet keinen Weg ins Freie. Ich kann die Sorgen und Ängste, den Tod und den Hunger, die Kriege und ihre Vorbereitung nicht einfach weglachen. Aber es ist ein Unterschied zwischen Trauer und nötigem Ernst einerseits und Krampf andererseits. Unverkrampftes Christsein, das wünsche ich mir. Kein falsches Buckeln, kein geheucheltes Mitleid, keine schwarzen Mäntel über buntkarierten Hemden.

Viele sind doch nur noch in der Lage, Witze zu machen. Die armen Tröpfe machen Witze, immer neue und immer blödere, bloß weil sie nichts zu lachen haben. Das muß doch traurig sein, andere Menschen nur noch zum Lachen zu bringen, wenn man Witze über Sex, Nonnen und Türken macht. Ich stelle mir vor, wie stumpfsinnig das sein muß, immer nur Witze mit halbnackten Frauen zu zeichnen. Lacht doch eh niemand mehr drüber. Und die Krämpfe hinter diesen Witzseiten sind eher zum Heulen.

Da lobe ich mir den »Witz«, den Johannes Rau an den Tag legt. Als Rau nach einer der üblichen politischen Mammutsitzungen nach ihrem Verlauf gefragt wurde, sagte er den Journalisten: »Lest Apostelgeschichte 19,32!« Eine rasch organisierte Bibel gab Auskunft über die politische Versammlung. An der von Rau genannten Bibelstelle steht nämlich: »Etliche schrien so, etliche anders, und die Versammlung war in Verwirrung, und die meisten wußten nicht, warum sie zusammengekommen waren.«

Ja, und Adenauer, schon weit in den 80ern, soll seinem Arzt, der anläßlich einer schweren Erkältung des Kanzlers meinte, er könne eben kein Wunder tun und ihn jünger machen – Adenauer soll erwidert haben: »Das ist auch gar nicht nötig. Hauptsache, Sie machen mich älter.«

Lachen ist gesund, jedenfalls gesünder als manches Medikament. Freude ist eine Gottesgabe. »Seid allezeit fröhlich«, schreibt Paulus nach Korinth. Er wird gewußt haben, warum. Ich sag' mir einfach: Die Vorstufe zum Lachen ist Freude. Lachen ohne Freude ist billig, geht auf Kosten anderer. Knapp 20mal kommt das Wort »Lachen« in der ganzen Bibel vor. Über 600mal »Freude« und »sich freuen«. Das hat schon seinen Grund.

Multikulturelle Katastrophe?

Am 24. August 410 nahmen Alarichs Goten Rom ein. Zuvor hatten heidnische Stadtgrößen besondere Opferfeiern für die abgeschafften alten römischen Götter gehalten, um das Unheil von der Stadt abzuwenden. Der christliche Klerus hatte Petrus, Paulus, Laurentius und andere Schutzheilige Roms um Fürbitte und Hilfe angefleht. Alarich ließ Rom plündern, ein tiefsitzender Schock für die Bewohner der Ewigen Stadt.

Nun stand natürlich die Frage über den Trümmern: Wer ist schuld an diesem Desaster? Sind es die als Rest von früher verbliebenen Heiden, die die konstantinische Wende von der militanten Christenverfolgung zur ebenso militanten Heidenverfolgung nicht mitgemacht hatten? Die insgeheim noch die alten Götter anbeten? Sind schuld also die paar unverbesserlichen Heiden? Oder hatten gerade diese Heiden recht, die behaupteten, seit christlicher Zeit gäbe es viel mehr Katastrophen als früher, weil die alten Götter vernachlässigt wurden?

In diesen Konflikt hinein schrieb damals der bekannte Kirchenvater Augustin, Bischof im nordafrikanischen Hippo, sein wichtigstes Werk, den »*Gottesstaat*«. Darin vertrat er die Meinung, daß im Reich Gottes für Goten ebenso Platz sei wie für Römer. Man kann sich vorstellen, daß dies den Patrioten und Traditionalisten auf beiden Seiten nicht paßte. Augustin war eh der Meinung, die Welt könne ein glücklicherer Ort sein, wenn das große und stolze Reich von einer Anzahl kleinerer Staaten abgelöst würde. Wie es dann schließlich am Ende des Römischen Reiches ja auch kam.

Warum erzähle ich das? Nicht anders suchen wir heute nach Schuldigen für Unheil. Nicht anders ist die Religionszugehörigkeit teilweise ein Politikum. Nicht anders meinen viele, durch Ausgrenzung, durch Abschiebung und Abriegelung anderer Weltanschauungen ließen sich Katastrophen verhindern.

Neulich hörte ich einen selbsternannten Straßenmissionar, der mir beglückt von seinen Bekehrungserfolgen unter Aus- und Übersiedlern erzählte. Im selben Zusammenhang forderte er aggressiv die Ausweisung aller Moslems. Sie, so meinte er, betrieben das Zerstörungswerk Satans im christlichen Abendland, seien schuld an Arbeitslosigkeit und Drogentod.

Ernsthafter beschäftigen sollte uns der Wirbel um Selvi Balkiz, eine 27jährige türkische Erzieherin, die in einer evangelischen Kirchengemeinde in Frankfurt nach einem halben Jahr mit befristetem Arbeitsvertrag nun nach Meinung des dortigen Pfarrers und Kirchengemeinderates eine feste Anstellung als Erzieherin erhalten soll. Wenn ich es aus der Distanz richtig verfolgt habe, lehnt aber das Landeskirchenamt die Anstellung einer Muslimin ab.

In der eigenen Landeskirche hier in Baden gehen die Meinungen weit auseinander zu der Frage, ob ein evangelischer Gemeindepfarrer mit einer praktizierenden Jüdin verheiratet sein könne. Auch hier ist das »Nein« der kirchenleitenden Gremien noch eindeutig.

An diesen wenigen Ereignissen wird deutlich, welche ganz eigenen Herausforderungen in einer multikulturellen Gesellschaft auf die Kirche zukommen. Und das ist mit Sicherheit nur der Anfang. Katastrophen, so meinte damals übrigens Augustin, würden nicht dadurch verhindert, daß man andere ausgrenzt, sondern indem der Staat Gerechtigkeit walten läßt. Und was die Gerechtigkeit betrifft, so habe dieser Gottesstaat eine unbedingte Voreingenommenheit für die Armen.

Dampf ablassen

Stellen Sie sich vor, ich würde einen Luftballon aufblasen. Wie lange, schätzen Sie, bräuchte ich, bis er knallt? Ich habe es zur Freude unserer Kinder zu Hause ausprobiert und kam auf einen nicht ganz olympiareifen Durchschnitt von 12 Sekunden.

Vor Wochen ging ich in den Kindergottesdienst mit drei neuen Luftballons. Ich zeigte den ersten und erzählte: Das ist Alexander. Er geht schon in die dritte Klasse. Da muß ordentlich was rein in seinen Kopf: Lesen, Rechnen, Schönschreiben, Erdkunde, Hausaufgaben, lernen, lernen, lernen. Bei jedem Stichwort blies ich ein wenig in den Luftballon, der immer größer wurde. Und dann soll er noch im Kinderchor richtig singen – mehr aufblasen –, die Lieder auswendig lernen – weiter aufblasen –, möglichst viele Tore beim Fußball schießen. Zu diesem Zeitpunkt hielten sich in Erwartung des Knalls alle 30 Kinder schon längst die Ohren zu. Alexander soll zu Hause helfen, ins Bett gehen, aufstehen, dies und jenes, und immer schlucken und ja sagen, der arme Kerl, bis ihm der Kopf brummt, bis ihm der Kragen platzt. Hier hätte der Ballon eigentlich platzen sollen. Aber so lange hatte er nicht einmal gehalten. Irgendwann, so sagte ich dann den Kindern, muß er mal Dampf ablassen können, muß das alles raus, was sich angestaut hat, sonst geht der Alexander in die Luft wie ein Heißluftballon, und es fliegen die Fetzen.

Den Kindern hat es Spaß gemacht. Ich habe noch zwei weitere Luftballons knallen lassen. Für die Jugendlichen einen und einen für die Erwachsenen. Ich glaube, sie haben begriffen. Auch den ernsten Hintergrund.

Jesus kennt die belasteten Menschen. Er kennt die, die unter Druck stehen. In die immer mehr und mehr reingepumpt wird: Erwartungen, Forderungen, Informationen, Wissen und Ängste. Nichts wie rein, die vertragen noch mehr. Aber das stimmt nicht. Irgendwann platzt der Kragen, geht einer in die Luft, erstickt ein anderer, und ein Dritter bricht zusammen. Vielleicht hat unser Gehirn tatsächlich fast unbegrenzte Speichermöglichkeiten. Aber unsere Seele nicht. Unser Körper auch nicht. Und auch unser Denkvermögen hat Grenzen. Aber wir gehen oft genug miteinander um, als ob der Luftballon ewig hielte. Immer unter Druck. Es ist lebensnotwendig, daß wir Dampf ablassen können.

Es gibt viele Möglichkeiten dazu. Das Gespräch. Die Ferien. Das Wochenende. Das Gebet. Der Sport. Das Abendmahl. Es gibt viele Möglichkeiten, Dampf abzulassen. Jesus jedenfalls sagt: Kommt her zu mir, alle, die ihr unter Druck steht, daß ihr fast platzt wie ein Ballon, ihr, bei denen bald die Fetzen fliegen, ihr die ihr zu explodieren droht wie ein Dampfkessel – ihr alle, kommt her zu mir und ladet ab. Ladet eure Last ab. Eure Schuld. Die Erwartungen. Den Rahmen, an dem ihr zerbrecht. Kommt her, ladet ab. Ich will euch wohltun.

Der Mann aus Nazareth will Ihnen etwas Gutes tun. Wenn einer dem anderen Entlastung wäre, wenn einer des anderen Wohltäter, Pfleger, Ruhekissen, Abfalleimer, Zuhörer wäre, dann – sagt Paulus – würden wir das Gesetz Christi erfüllen. Keiner müßte platzen, und keiner würde überfordert. Aber noch ist es nicht soweit. Und entsprechend viele Fetzen liegen herum.

Seligpreisung des Humors

Es gibt ein sehr reges Miteinander zwischen denen, die das »Geistliche Wort« oder vergleichbare Sendungen sprechen, und den Hörerinnen und Hörern. Anregungen, Kritik, Bitte um Manuskripte bis zu intensiven Seelsorgekontakten machen diese Sendungen, so kurz sie auch sein mögen, doch zu einem Dialog. Die Redaktion für Kirche und Gesellschaft freut sich natürlich darüber, daß es diesen intensiven Dialog gibt. Das entspricht ja ganz dem, was auch Kirche eigentlich sein will – eine Gemeinschaft, ein Miteinander, ein Aufeinanderzu.

So landen denn auch immer wieder Sinnsprüche, Karten, Texte auf meinem Schreibtisch, die mir aus der Hörerschaft zugesandt werden. So ist es auch mit einer Karte, die lange schon auf meinem Schreibtisch liegt, und von der ich dachte, ich müsse sie unbedingt einmal weitersagen, weil ich den Text für so gelungen halte. Eine Hörerin hat ihn mir zugeschickt. Überschrieben ist er mit dem Titel:

Seligpreisung des Humors

»Selig jene, die über sich selbst lachen können,
sie werden sich nie langweilen.
Selig jene, die einen Berg von einem Maulwurfshügel
unterscheiden können,
ihnen werden viele Verdrießlichkeiten erspart bleiben.
Selig jene, die schauen, wohin sie ihren Fuß setzen,
sie werden nur selten auf einer Bananenschale ausrutschen.
Selig jene, die ausruhen und schlafen können,
ohne nach Ausflüchten zu suchen,
sie werden weise werden.
Selig jene, die schweigen können,
sie werden viel Neues lernen.

Selig jene, die klug genug sind, sich nicht ernst zu nehmen,
ihre Mitmenschen werden sie schätzen.
Selig die, die denken, bevor sie handeln,
und beten, bevor sie denken,
denn sie werden eine Menge Dummheiten vermeiden.«[5]

Mir gefällt jeder dieser den Seligpreisungen Jesu aus der
Bergpredigt nachempfundenen Sätze. Sie strahlen alle etwas
von der heiteren Gelassenheit des Glaubens aus, die man in
unseren Kirchen nur noch selten findet. Es ist ja alles so
schwierig und so ernst und so laut geworden. Nichts ist mehr
selbstverständlich, alles bedarf einer Begründung, einer Auf-
forderung, muß nach allen Seiten abgesichert sein. Alles wird
auf die Goldwaage gelegt, bedarf einer ausführlichen Diskus-
sion und Klärung. Was nehmen wir uns und unseren kleinen
Beitrag zur Weltgeschichte so wichtig! Es ist schon so, daß
wir manchmal meinen, wir seien der Nabel der Welt, und ein
Jota hüh oder hott brächte alles ins Wanken. Da tut es gut,
wenn einer die selig preist, die über sich selbst lachen können. Das gefällt mir übrigens am besten: »Selig jene, die über
sich selbst lachen können, sie werden sich nie langweilen.«
Das kann ich nur bestätigen. Ich würde aus eigener Erfahrung gerne noch hinzufügen: Selig sind jene, die sich selbst
die eigenen Fehler verzeihen können, sie sind eine Wohltat
für ihre Mitmenschen.

Noch ein Computerspiel

Weiter oben erzählte ich vom Einfallsreichtum meines Computers, oder besser – wie es auf Neudeutsch heißt – meines »Text-Verarbeitungssystems«. Nun hat mir das Programm einen weiteren Streich gespielt.

Wieder einmal geht es um mein Rechtschreibprogramm. Es scheiterte beim Begriff »Vikarinnen«. Nun ist eine »Vikarin« nichts anderes als ein weiblicher »Vikar«. Nur tut sich offensichtlich nicht nur die kirchliche Öffentlichkeit in manchen Gegenden unseres Landes, sondern auch mein Computer schwer damit. Aber ich will ehrlich sein – er konnte auch mit »Vikar« nichts anfangen. Erst recht nicht mit »Vikarin« – und dann noch in der Mehrzahl!

Aber das Interessante kommt erst: Dieses tolle Programm bietet mir allen Ernstes als Verbesserung oder Ausgleich für das ihm unbekannte Wort »Vikarinnen« den Begriff »Vitamine« an. Nun lese ich in meinem großen Lexikon, Vitamine seien »eine Gruppe von chemisch sehr unterschiedlichen Substanzen, für den Stoffwechsel unentbehrlich, die dem Organismus ständig zugeführt werden müssen«. Hoppla, habe ich gedacht: sehr unterschiedlich – das kommt hin. Unentbehrlich? Und dann auch noch einer ständigen Zuführung bedürftig?

Ich erinnere mich noch gut der ersten Diskussionen über Frauen auf der Kanzel. In der Schule als Religionslehrerin wollte man sie ja noch gewähren lassen, besser noch als Mitarbeiterin im Kindergottesdienst, als Sopran und Alt im Kirchenchor oder in der Küche bei Gemeindefesten. Wie schwer taten wir uns schon mit Kirchengemeinderätinnen – ein Wort, das uns heute noch schwer über die Lippen geht. Aber dann auch noch Vikarinnen und Pfarrerinnen! Mit dem Apostel Paulus legte man den Frauen nahe, doch in der Kirche zu schweigen, und hatte oft genug nicht einmal richtig gelesen, was der Apostel überhaupt geschrieben hat. Und daß er – Paulus – meinte, es gäbe vor Gott kein Ansehen der Person, weder Mann noch Frau, nicht Jude oder Grieche, das hat man lange Zeit gerne nur leise gesagt.

Nun lese ich in der neuesten EKD-Statistik, daß mittlerweile ein Sechstel aller Pfarrstellen in Gemeinden, Schulen, Krankenhäusern etc. von Pfarrerinnen besetzt ist. Und das ist gut so. Das ist sicherlich Vitamin für die Kirche. Oder denken Sie anders? Natürlich kommt es immer noch auf die einzelne Person an. Aber ich meine, auch hier gilt, was die Bibel über den Menschen als Ebenbild Gottes sagt: Der Mensch ist Ebenbild Gottes als Mann und Frau. Nicht einer gegen oder auf Kosten oder gar ohne den anderen. So soll es auch bei den Ämtern in der Kirche sein.

Aber daß sich selbst die ganz Fortschrittlichen damit noch schwertun, zeigte das Programm des Kirchentages in München von 1993. Es versuchte, überall eine inklusive Sprache zu sprechen: So wie im Rundfunk »Hörerinnen und Hörer«, so auch dort »Teilnehmerinnen und Teilnehmer«, »Ordnerinnen und Ordner«, »Christinnen und Christen«. Ich nehme an, ein Schalk war in der Druckerei oder in der Redaktion am Werk, denn auf der Seite 475 war sogar zu lesen: »Nach Veranstaltungsschluß am Samstag können Sie Papphocker und Papphockerinnen mitnehmen.« Herrlich!

Ich hoffe, auch die Leserinnen können mit mir darüber schmunzeln.

Widerstandskraft

Im allgemeinen scheuen gebrannte Kinder das Feuer. Wenn man es selbst in der Hand hat, wird man ja versuchen, den gleichen Fehler nicht ein viertes oder fünftes Mal zu machen. Einiges habe ich in der Hand. Die Philosophen und Theologen vieler Jahrhunderte reden dabei vom »freien Willen« des Menschen. Wir haben die Wahl.

Im Leben bin ich so und so oft vor Situationen gestellt, die ich mir nicht ausgesucht habe, die ich auch nicht zu verantworten habe, und doch muß ich sie bestehen. Ich meine nicht nur Todesfälle, Unwetter, Betriebsschließungen.

Wir haben die Freiheit der Wahl in vielerlei Hinsicht. Auch wenn Biologen uns sagen, es sei sehr viel mehr festgelegt in unserem persönlichen Erbmaterial, als wir selbst es wahrhaben wollen, so sind doch auch sie bereit, dem Menschen einen freien Willen, also Entscheidungsfreiheit zuzugestehen.

Auch wenn die Psychologie feststellt, daß ein Großteil unseres Verhaltens von unserem Unbewußten gesteuert und geprägt ist, wird auch sie den Menschen zu einem freien Willen erziehen wollen, zu einer erwachsenen Persönlichkeit, die abwägen kann und dann überlegt entscheidet.

Nach der Bibel wird diese Freiheit mit einem Leben bezahlt, das Anfang und Ende hat. Nicht mehr im behüteten Paradies, sondern jenseits von Eden. In der Bibel häufen sich Seite an Seite Geschichten von Menschen, denen die eigene Freiheit über den Kopf wächst. Das selbst verantwortete und das wie ein Schicksal über mich kommende Schlimme – beides fordert mir manchmal alles ab. Die Berge wachsen, und ich möchte im Boden versinken.

Es gibt viele unter uns, die können das einfach nicht mehr, täglich an ihre Grenzen gehen. Was wird mir denn noch zugemutet? Hiob klagt das ganze Leid des geplagten Menschen, wenn er sagt: »Ich hatte keinen Frieden, keine Rast, keine Ruhe, da kam schon wieder ein Unglück!«

Es gibt einen Gedanken bei Dietrich Bonhoeffer, der mir in dieser Not einleuchtet. Er schreibt 1943 im Gefängnis: »Ich glaube, daß Gott aus allem, auch aus dem Bösesten, Gutes entstehen lassen kann und will... Ich glaube, daß Gott uns in jeder Notlage so viel Widerstandskraft geben will, wie wir brauchen. Aber er gibt sie nicht im voraus, damit wir uns nicht auf uns selbst, sondern allein auf ihn verlassen... Ich glaube, daß auch unsere Fehler und Irrtümer nicht vergeblich sind, und daß es Gott nicht schwerer ist, mit ihnen fertig zu werden, als mit unseren vermeintlichen Guttaten. Ich glaube, daß Gott kein zeitliches Schicksal[6] ist, sondern daß er auf aufrichtige Gebete und verantwortliche Taten wartet und antwortet.«[7]

Einen Satz möchte ich noch einmal wiederholen und Ihnen mit in die heutigen Auseinandersetzungen und Herausforderungen geben: »Ich glaube, daß Gott uns in jeder Notlage so viel Widerstandskraft geben will, wie wir brauchen. Aber er gibt sie nicht im voraus, damit wir uns nicht auf uns selbst, sondern allein auf ihn verlassen.«

Wenn wir so leben, verzichten wir nicht auf Freiheit und Persönlichkeit, wir geben nur der Quelle unserer Kraft den richtigen Namen.

Sich als Vater und Mutter erweisen

Du sollst deinen Vater und deine Mutter ehren, auf daß du lange lebest in dem Lande, das dir der Herr, dein Gott, geben wird.

Die meisten von Ihnen haben das wahrscheinlich einmal gelernt als eines der Zehn Gebote. Du sollst Vater und Mutter ehren. Das setzt ja voraus, daß sie sich als Vater und Mutter erweisen.

Bei mir liegt da, ich sag's offen, ein dicker Hund begraben. Jetzt vielleicht in den Ferien, daß ich da die Zeit habe, die ich für meine Kinder bräuchte. Dabei bin ich so gerädert, daß ich mich wahrscheinlich wieder mit mir selbst beschäftige und die Kinder wieder zu kurz kommen. Viele von Ihnen machen mindestens einmal im Jahr Urlaub, Ferien. Ist es da ähnlich bei Ihnen? Sie nehmen sich eine Menge vor, damit Sie sich endlich so richtig als Vater und Mutter erweisen, und dann sind die zwei, drei Wochen rum, und wieder war's nichts.

Mein Großer, er wird jetzt 16, bräuchte endlich einmal seinen Vater, der ihm nicht nur besserwisserische Fünfminutenratschläge gibt und ihn auf seine Fehler hinweist. Was hat ein Mensch doch alles in diesen Jahren zu verarbeiten: Erfolge und Mißerfolge, andauernde Veränderungen, Wechselbäder der Gefühle. Mit 16 bist du heute der Größte, und morgen möchtest du in den Erdboden versinken. Und ich war mal angetreten, alles anders und besser zu machen bei den eigenen Kindern. Und jetzt wird er schon 16!

Der Zweite, eben 10 geworden. Nach den Ferien die neue Schule, neue Lehrer, neue Klasse, neue Fächer. Und jeden Tag ein neuer Einfall, was er alles basteln, bauen, machen könnte. Morgen, ich versprech's dir, morgen habe ich Zeit. Meist stimmt's ja dann auch, auch wenn's übermorgen wird.

Die Dritte hat eben die erste Klasse hinter sich. Meine Güte, und ich weiß nicht einmal richtig, was sie alles gelernt hat, was sie kann und was nicht. Ich weiß nicht einmal, wie weit sie rechnen kann, und ob sie nun alle Buchstaben kennt.

Und die ganz Kleine, eineinhalb. Hat noch keine Ahnung davon, was Väter und Mütter schuldig bleiben können. Sie lebt einfach auf uns hin. Selbstverständlich. Mit der Offenheit einer noch selten enttäuschten Seele.

Ich bin mir sicher, ich bin in dem, was ich schuldig bleibe, kein Einzelfall. Und eines Tages sind sie dann aus dem Haus, und dann willst du nicht loslassen, weil du plötzlich spürst, was du alles versäumt hast. Meine Güte, was für ein Bild von Elternhaus, von Vater und Mutter, von Familie und Zeit füreinander nehmen die mit! Unsere Umgangsformen sind ihre entscheidende Erfahrung.

»Ehre Vater und Mutter, damit du lange lebst in diesem Land.« Andersrum zuerst: Erweise dich als Vater und Mutter. Wahrscheinlich ist es nie zu spät, auch wenn man kaum irgendwo so viele Fehler machen kann wie bei der Erziehung. Jedenfalls ist die Ferienzeit wieder einmal eine Chance. Ich wünsche Ihnen – und nebenbei auch mir –, daß es gut gelingt, besser gelingt, dieses so wichtige Wechselspiel von Vater, Mutter und Kindern. Nicht nur, damit wir lange leben.

Gras drüber wachsen lassen

Es ist am besten, du wartest, bis Gras drüber gewachsen ist.

Bestimmt haben Sie diesen Rat schon x-mal in Ihrem Leben gegeben oder erhalten.

Man geht also davon aus, daß etwas Falsches, Schlimmes, Schlechtes Zeit braucht. Und daß nach einer gewissen Zeit vergessen ist, was war, oder vergeben, was weh tat, oder einfach nicht mehr wichtig ist. »Es ist am besten, du wartest, bis Gras drüber gewachsen ist.« In Christoph Lehmanns »Politischem Blumengarten« von 1639 wird dieses geflügelte Wort zum erstenmal erwähnt und erklärt: »Wer große Stümpfe will auswurzeln, der verdirbt das Geschirr und tut sich selbst weh; es ist besser, man läßt das Gras drüber wachsen.«

Wer große Baumstümpfe mitsamt der Wurzel entfernen will, kriegt's am Kreuz, macht Hacke, Spaten und Axt unbrauchbar. Ist das so? Kann man einfach Gras drüber wachsen lassen über Verletztheiten, Gemeinheiten, Schläge? Die großen Stümpfe stecken unter der Haut, und nicht selten schlagen sie neu aus, immer wieder. Und doch, was nützt die beste Operation, wenn der Patient sie nicht überlebt? Die Erfahrung, daß uns eine solche Wunde nicht in Ruhe läßt, immer wieder aufbricht und ein Leben lang beschäftigen kann, steckt auch in dem Sprichwort: »Wenn über eine dumme Sache nun endlich Gras gewachsen ist, kommt sicher ein Kamel gelaufen, das alles wieder runterfrißt.«

Man ist nie sicher. Selbst wenn Gras darüber gewachsen ist, ist man nie sicher, ob es – wie man sagt – nicht doch »herauskommt«. Unter der dünnen Haut, unter dem dünnen Gras, ans Tageslicht.

Die Bibel bietet ein anderes Modell an, das der Vergebung. Aber dieses Modell steht und fällt damit, daß ich einen finde, der mir vergibt. Es genügt, das merke ich immer wieder, es genügt nicht, wenn mir die Vergebung Gottes zugesprochen wird. So befreiend das auch ist. Vergebung ist der Schritt Gottes auf mich zu, daß ich jetzt selber wieder handlungsfähig bin. Aber dann kommt der zweite Teil. Und das ist eine höchst irdische Angelegenheit. Die Frage nämlich, ob meine Frau mitmacht, mein Bruder, mein Nachbar, meine Kollegin. Solange die mir nicht vergeben, die unter mir zu leiden hatten, solange kann die Wunde nicht verheilen, und solange wächst auch kein Gras über die Geschichte. »Vergebt euch untereinander, so wie Christus euch vergeben hat.«

In der Abendmahlsliturgie unserer Kirche steht ein etwas archaisch anmutender Satz, dessen wichtige Bedeutung mir auch erst mit der Zeit klargeworden ist. Bevor wir uns im Kreis um den Altar versammeln zu Brot und Wein, heißt es: »Erkennt euch in dem Herrn als Schwestern und Brüder. Keiner sei wider den anderen, keiner ein Heuchler. Vergebt euch untereinander, gleichwie Christus euch vergeben hat, so auch ihr.«

Dazu müßte eigentlich Raum sein. Dazu müßte eigentlich auch Zeit sein. Dann können wir uns gegenseitig in die Augen schauen. Da kommt meinetwegen etwas ans Licht. Aber es ist das Licht Gottes. Und dieses Licht heilt.

Dann kann auch wirklich Gras drüber wachsen, und selbst das größte Kamel kann kommen und alles Gras runterfressen. Aber mir kann nichts mehr geschehen. Die Sache ist bereinigt, die Wunde geheilt, das Kamel ist satt, und ich kann wieder lachen.

Klassentreffen

Die meisten hatte ich fast 25 Jahre nicht mehr gesehen. Du schaust in Gesichter. Auf der Straße hätte ich kaum einen wiedererkannt.

Ich gebe zu, daß ich mit gemischten Gefühlen zu diesem Klassentreffen gefahren bin. Zweieinhalb Jahrzehnte ohne den geringsten Kontakt. Und als Pfarrer ist man ja manchmal doch so etwas wie ein Exot. Aber da war der Nachbarsjunge, der in meinem Fotoalbum von damals an allen markanten Punkten mit auftaucht. Da war die Kindergarten- und heimliche Jugendliebe. Da waren Namen, Gesichter. Und so bin ich doch gefahren.

Und je länger der Abend wurde, umso deutlicher spürte ich: Das sind fast alles für mich keine unbeschriebenen Blätter. Der Name oder das Gesicht, und schon kommt eine Geschichte in Erinnerung. Man kann ein Fotoalbum nicht anschauen, ohne Geschichten dazu zu erzählen. Namen, Gesichter und Geschichten gehören zusammen.

Mich hat an diesem langen Abend einiges überrascht: Wir haben uns zum Beispiel schon etwas schwer getan mit dem Gedenken an die verstorbenen Klassenkameraden. Fast peinlich mischten sich der Tod und die plötzliche Stille so mir nichts, dir nichts in die begonnenen Gespräche.

Der Nachbarsjunge von früher, heute gestandener Steuerberater, fragt: »Kommst du dir eigentlich schon wie 40 vor?« Nein. Wir sind uns alle einig. Eigentlich fühlen wir uns alle noch viel jünger. Und ich hatte immer gemeint, das gehe nur mir so. Aber wenn das allen so geht, dann ist etwas faul an der Sache. Gibt es das eigentlich je, daß man sich so alt fühlt, wie man ist? Ich habe in der Zwischenzeit auch wesentlich Ältere gefragt, bei Geburtstagsbesuchen. Nein, die fühlten sich alle viel jünger als 70.

Überraschend war für mich auch, wie wenig sich die einzelnen doch verändert haben. Die Ruhigen von damals sind ruhig geblieben. Die Lebhaften lebhaft. Einer meinte, mich hätte er an meinem Lachen erkannt.

Wir verstanden uns gut an diesem Abend. Aber das ist auch kein Wunder, wenn man nur für ein paar Stunden miteinander zu tun hat. Das wäre vielleicht doch anders, wenn er mir als Vater eines Konfirmanden gegenübersäße. Längst aus der Kirche ausgetreten. Aber so geht das relativ gut, aus sicherer Distanz und nicht so verbindlich.

Solche Feiern und Treffen sind wichtig. Nicht nur, weil sie den Text zu den trockenen Bildern in unseren Fotoalben und Erinnerungen liefern. Nein, einfach deshalb, weil jeder von uns ein Teil der Geschichte vieler anderer ist. Es ist uns überhaupt nicht bewußt, welche Rolle wir in der Erinnerung anderer spielen. Welche Eindrücke wir hinterlassen haben.

Jedes Leben ist wie ein Buch. Hundert Seiten vielleicht. Aber lesen Sie mal ein Buch, in dem nur noch die Seiten 7, 33, 57 und 58 erhalten sind. Um ein Leben einigermaßen zu verstehen, sind viel mehr Seiten nötig. Auch die ersten. Und die langweiligen. Auch die schlimmen. Viele, möglichst alle. Und das sage ich jetzt meinen früheren Klassenkameraden und Ihnen: nicht nur alle Seiten. Es muß auch einer das Buch entwerfen und schreiben. Und es muß auch einen geben, der es liest.

Ich verzichte auf die Autorschaft und sage: Gott ist der Herausgeber. Von ihm stammt die Idee. Und wir haben die Freiheit, sie zu verwirklichen – oder nicht.

Wenn's ums Geld geht

Wenn vom Geld die Rede ist, verändert sich auch in der Kirche schlagartig das Klima. Gut, es sind schon große Summen, um die es da manchmal geht. Die Menschen, die uns das Geld geben, erwarten auch, daß wir verantwortlich damit umgehen. Es wird enger. Zugegeben. Es wird enger mit dem Geld in der Kirche. Aber daß das Geld so wichtig ist, so eine große Rolle spielt?

Übrigens schon ganz zu Anfang der Kirche ist das Geld ein leidiges Thema. Die erste christliche Gemeinde, ein mageres Häuflein im Vergleich zu unseren heutigen Zahlen, lebte »in Gütergemeinschaft«. Alles gehörte allen, so erzählt es die Bibel. Die Gläubigen verkauften ihren Besitz, Äcker oder sogar Häuser, und brachten das Geld zur Gemeinde, »und man gab einem jeden, was er nötig hatte«. Ein wenig idealistisch, diese Beschreibung. So heil war diese Welt wohl auch nicht.

Und davon erzählt die Bibel selbst. Es gab damals eben auch halbherzige Menschen. Mit gutem Willen, und doch...

Ein Mann und eine Frau, er hieß Hananias und sie Saphira, hatten einen Acker. Sie gehörten zur Gemeinde, und das hieß eben, daß man abgibt. Verkauft und teilt. Land geht immer gut weg. Also verkauft. Gar nicht schlecht verkauft. Jedenfalls eine hübsche Summe.

Und nun reitet die beiden der Teufel. Warum eigentlich alles für die anderen – war doch schließlich unser Acker. Ist doch schließlich unser Geld. Und keiner weiß, wieviel. Und wenn wir gar nicht verkauft hätten, dann könnten wir auch nichts geben.

Sie gehen zu den Aposteln und bringen ihnen das Geld – aber nicht alles. Etwas haben sie zu Hause behalten. Für sich. Der Mann geht hin. Ob man es dem Hananias angesehen hat? Ich weiß nicht. Jedenfalls sagt ihm der Petrus auf den Kopf zu: »Du hast Geld zurückbehalten. Du hättest doch deinen Acker behalten können. Aber so tun, als ob? Du hast nicht Menschen, sondern Gott betrogen.« Sagt Petrus. Hananias fällt um und ist tot. Die Umstehenden tragen ihn hinaus. Kaum ist der Tote weg, kommt schon seine Frau Saphira. Keine Ahnung, was passiert war. »Habt Ihr euren Acker verkauft um diesen Preis?« »Ja«, sagt sie. »Warum nur?« fragt Petrus. Auch sie fällt um und ist tot. Schon brutal, diese Geschichte.

Ich überlege mir nur, wie ich das all denen beibringe, die gerne eine Spendenbescheinigung von mir möchten. Was kämen wir als Kirche in Schwierigkeiten!

Konsequent ist er doch, der Mann aus Nazareth, sagt: »Wenn du gibst, dann laß deine Rechte nicht wissen, was die Linke tut.« Mit dem ganzen Herzen geben, oder lieber nicht. Wer halbherzig gibt, betrügt Gott.

Und das gilt dann auch für das Geld der Kirche. Es ist schon schwierig mit dem Geld. Manchmal tödlich. Gott ist offensichtlich einer, der ehrlich nein sagt, lieber als einer, der halbherzig ja sagt.

Das macht mir schon zu schaffen. Nicht nur bezogen auf das Geld.

Guten Morgen am Donnerstag

Gesegnete Mahlzeit

Mahlzeit! Mehr werden Sie wahrscheinlich kaum noch hören, mittags auf dem Weg zur Kantine. »Mahlzeit«. Aus dem Wunsch »gesegnete Mahlzeit« ist eine nichtssagende Floskel geworden. Gesegnete Mahlzeit, da ist noch die Erinnerung wach, daß das Essen nichts Selbstverständliches ist, sondern etwas zu tun hat mit Gottes Güte. Mit Segen. Die Alten sagen oft: »Da liegt kein Segen drauf!« Wenn ich unseren Umgang mit der Natur betrachte, unsere Art zu verbrauchen, zu züchten, zu pflanzen und zu kreuzen nur für unseren Mittagstisch, dann denke ich auch: Da liegt kein Segen drauf.

Ich lese in diesen Tagen wieder einmal Albert Schweitzer. Denken Sie an das gedanken- und lieblos dahingesagte »Mahlzeit« auf der einen Seite. Und hören Sie jetzt auf einen der empfindsamsten Menschen unseres Jahrhunderts:

»Wahrhaft ethisch ist der Mensch nur, wenn er der Nötigung gehorcht, allem Leben, dem er beistehen kann, zu helfen, und sich scheut, irgend etwas Lebendigem Schaden zu tun. Er fragt nicht, inwiefern dieses oder jenes Leben als wertvoll Anteilnahme verdient, und auch nicht, ob und inwieweit es noch empfindungsfähig ist. Das Leben als solches ist ihm heilig. Er reißt kein Blatt vom Baume ab, bricht keine Blume und hat acht, daß er kein Insekt zertritt. Wenn er im Sommer nachts bei der Lampe arbeitet, hält er lieber das Fenster geschlossen und atmet dumpfe Luft, als daß er Insekt um Insekt mit versengten Flügeln auf seinen Tisch fallen sieht.

Geht er nach dem Regen auf der Straße und erblickt den Regenwurm, der sich verirrt hat, so bedenkt er, daß er in der Sonne vertrocknen muß, wenn er nicht rechtzeitig auf die Erde kommt, in der er sich verkriechen kann, und befördert ihn von dem todbringenden... (Weg) hinunter ins Gras. Kommt er an einem Insekt vorbei, das in einen Tümpel gefallen ist, so nimmt er sich die Zeit, ihm ein Blatt oder einen Halm zur Rettung hinzuhalten.

Er fürchtet sich nicht, als sentimental belächelt zu werden. Es ist das Schicksal jeder Wahrheit, vor ihrer Anerkennung ein Gegenstand des Lächelns zu sein. Einst galt es als eine Torheit, anzunehmen, daß die farbigen Menschen wahrhaft Menschen seien und menschlich behandelt werden müßten. Die Torheit ist zur Wahrheit geworden. Es kommt... die Zeit, wo man staunen wird, daß die Menschheit so lange brauchte, um (die) gedankenlose Schädigung von Leben als mit Ethik unvereinbar einzusehen. Ethik ist ins Grenzenlose erweiterte Verantwortung gegen alles, was lebt.«[8]

Mahlzeit! Sicherlich, Sie denken wie ich auch: Albert Schweitzer ist nicht Geschäftsmann, nicht Metzgermeister, nicht Landwirt und nicht Arbeiter. Recht haben wir! Aber damit hat er nicht unrecht. Und wir spüren das. Wir spüren, daß auf so vielem, was wir tun und was wir andere so tun lassen, kein Segen liegt.

Die Geste des Segnens kommt eigentlich vom Grüßen. Beim Abschiednehmen wünsche ich dem anderen das Beste. Vielleicht ist das der Haken, daß wir bei allem, was wir tun und lassen, nicht im Sinn des Mannes aus Nazareth an das Beste für den anderen denken, sondern an den eigenen Vorteil. Und da – da liegt eben bei allem Verständnis kein Segen drauf. »Mahlzeit« ist eben doch etwas anderes als »gesegnete Mahlzeit«. Albert Schweitzer meint, eines Tages würden auch wir Menschen das einsehen.

Da war der Wurm drin

Die Bibel steckt voll spannender Geschichten, die die wenigsten kennen. Schade eigentlich. Denn die allzu bekannten Geschichten, die gehen uns meist runter wie Öl und hinterlassen in Kopf und Seele keine Spuren.

Sie alle kennen die Geschichte vom Auszug aus Ägypten. Sie wissen, daß die eben Freigekommenen in der Wüste landen, und daß ihnen das Leben dort nicht paßt. Zurück wollen sie wieder. Nach Ägypten. Dort gab es Brot und Spiele, Essen und Trinken, Ruhe und Sicherheit, wenn man seinen Mund hielt und tat, was die Herren dort wollten.

Was war gegen die Fleischtöpfe Ägyptens schon die göttliche Speisekarte für die Wüste: Wachteln und Manna!

In diesem Zusammenhang gibt es eine kleine Episode, die mir schon immer gefallen hat. Die Israeliten bekommen also jeden Morgen Manna, das Brot vom Himmel, und werden so jeden Morgen satt. Aber wie die Menschen so sind: Gottes Versprechen, daß es morgen wieder etwas zu essen gibt, gut und schön. Aber ich nehme zwei Körbe mit, zur Sicherheit. Morgen ist auch noch ein Tag. Was man hat, das hat man. Und sicher ist sicher. Und so machen sie Überstunden in der Wüste, sammeln und horten für zwei, für drei Tage, man weiß ja nie. Doch gerade das hatte Mose verboten: Verlaßt euch auf Gott! Aber nein. Körbe voll, hinten ins Zelt, Tuch drüber.

Wie die sich wundern am nächsten Tag! Wie die sich ärgern! Und wie die hoffentlich auch ihre Lektion begreifen. In der Bibel steht lapidar: »Und etliche ließen davon übrig bis zum nächsten Morgen. Da war der Wurm drin, und es stank.«

Ist das nicht herrlich, wie Gott uns da auf die Schliche kommt? Wir haben doch auch nichts anderes im Kopf, als Manna zu horten. Und sonntags singen wir dann Lieder, die von Gottvertrauen überfließen.

Gott hat uns schon längst durchschaut. Seine Antwort heißt: Da ist der Wurm drin. Das stinkt! So deutlich ist die Bibel. So unangenehm kann Gottes Wort sein. Nichts als Manna im Kopf. Wir sind kein Haar besser. Da ist der Wurm drin.

Wer Manna hortet auf dem Weg zum Reich Gottes, traut dem Frieden Gottes nicht. Als Jesus damals seine Jünger auf den Weg schickte, selbständig, ohne ihn, in eigener Verantwortung, auf den Weg in sein Reich, da sagte er zu ihnen: »Ihr sollt nichts mit auf den Weg nehmen. Weder Stab noch Brot noch Geld. Es soll auch einer nicht zwei Hemden haben.«

Ich habe nachgezählt. Zur Beruhigung der Hemdenindustrie und der Nasen in meiner Umgebung. Ich habe neun Hemden. Vier Koffer. Ein Auto. Ein festes Gehalt. Und ein großes Dach über dem Kopf. Wie ist das bei Ihnen?

Es ist schwierig, jemandem etwas zu schenken, der schon alles hat. Aber das, was wir haben, ist Manna. Morgen ist vielleicht der Wurm drin. Und manches stinkt schon heute.

Ein Vater, der bleibt

Ich habe eine eigenartige Geschichte erzählt bekommen. Irgendwo in einem Krankenhaus spielt sie. Ein kleiner Junge sollte operiert werden. Der Vater hatte das Kind ins Krankenhaus gebracht. Das soll's ja auch geben, daß Väter das tun. Das Kind war nach einem Unfall schwer verletzt. Nun versuchte der Vater, seinem kleinen Jungen Mut zu machen. »Es wird schon gut. Du wirst sehen, wenn du nach der Operation wieder aufwachst, wird es gut sein.« »Ich habe überhaupt keine Angst«, sagte der kleine Junge, »wenn du bei mir bleibst.« »Gut«, sagte der Vater, »ich verspreche dir, daß ich bei dir bleibe.«

Sie sind im Operationssaal. Alles wird für die Operation vorbereitet. Der Arzt erlaubt dem Vater, dazubleiben. Die Schwestern geben ihm einen Umhang, einen Mundschutz. Das Kind wird auf den Operationstisch gelegt. Der Vater hält die Hand. Der Narkosearzt kommt. Das Kind schaut seinen Vater an: »Du bleibst da?« »Ja, ich bleibe da.« »Dann ist es gut.« Die Narkose beginnt zu wirken. Der kleine Junge ist eingeschlafen.

»Nun können Sie gehen«, sagt der Arzt, »er merkt es nicht mehr.«

Da schaut ihn der Vater an und sagt: »Nein, ich habe meinem Jungen versprochen, bei ihm zu bleiben, und so möchte ich auch bleiben, was immer geschieht.«

»Gut, dann bleiben Sie.«

Die Operation gelang. Als der Junge später im Bett aus der Narkose erwachte, hielt der Vater immer noch seine Hand. Da lächelte er und sagte ganz leise: »Du bist da, Papa?« Und dann schlief er wieder ein.

Es ist wichtig, lebenswichtig, daß Menschen das erfahren dürfen. Es ist lebenswichtig, sich dessen zu versichern, daß der, auf den ich angewiesen bin, sich nicht während der Narkose davonschleicht, weil ich dann ja doch nichts merke. Es ist wichtig zu wissen, daß Gott meine Stürme, meine Tiefen, meine Ängste, meine Operationen aushält, meine Umwege mitgeht, daß Gott einer ist, der bleibt. Es geht so vieles, es löst sich so vieles, was einmal Halt versprochen hatte. Ich brauche Stationen im Leben, wo mir versichert wird, daß mein Leben im Lot ist, daß mein Leben einen Gott hat, daß mein Schiff einen Anker hat und ich nicht allein bin.

Eugen Drewermann, über dessen Theologie derzeit sehr oft und leider oft sehr oberflächlich diskutiert wird, sagt in allen seinen Büchern etwas sehr Zentrales: Religion hat als wichtigste Aufgabe, den Menschen die Angst zu nehmen. Er hat recht. Zu beängstigend ist der Weg, den gerade in diesem Jahrhundert die Menschen eingeschlagen haben.

Das will ich all denen, die heute müde sind, all denen, die meinen, sie hätten keinen Boden mehr unter den Füßen, sagen. Das ist auch die Wahrheit eines verängstigten Lebens: Gott schleicht sich nicht unbemerkt davon. Er hält uns aus. Der barmherzige Samariter liefert den Verwundeten nicht nur ab. Er bleibt. Er bleibt über Nacht. Er pflegt ihn bis zum Morgen. Ich wünsche Ihnen einen guten Tag.

Gott erfüllt nicht alle unsere Gebete

Sie sitzt mir gegenüber, und ich habe den Kloß im Hals, der sich bei solchen Gelegenheiten immer wieder einstellt. Ich kann einfach nicht über meinen Schatten, ich möchte am liebsten mitheulen, und manchmal heule ich auch mit. Mir bleibt der Zuspruch im Hals stecken angesichts der übergroßen Not.

Sie ist Mitte 40 wie ich, geschieden, wieder verheiratet, der zweite Mann ist letztes Jahr auf der Autobahn gestorben. Sie wird wegen Brustkrebs behandelt, ist schon operiert, und nun hat die Tochter mit elf Leukämie. Jede einzelne Geschichte ist für sich schon schlimm, insgesamt ist es eine Katastrophe, eine Tragödie. Nein, sie fragt nicht, warum Gott das zuläßt. Sie fragt nicht. Sie erzählt, sitzt da und weint. Ich frage mich: Sie ist Mutter wie ich Vater bin, sie hängt am Leben wie ich. Ich bin gesund, meine Kinder auch. Warum trifft das die einen Familien so furchtbar, und andere bleiben gesund, werden alt und dürfen beieinander bleiben?

Wir kommen auf das Gebet zu sprechen. Daß sie sich immer wieder bewußt Zeit nimmt. Und ich denke: »Mein Gott, dann erhöre sie doch auch. Sie hat genug erleben müssen.«

Und mitten in meine hilflosen Gedanken und Stoßgebete hinein sagt sie: »Wissen Sie, ich glaube nicht, daß Gott sowas wie ein Automat ist. Oben ein paar Gebete rein, und unten kommt ein gesundes Kind heraus. Ich glaube« – sagt sie – »ich glaube, daß Gott selbst am meisten leidet.« Und das von dieser Frau. Gott leidet selbst am meisten. Wenn Gott Liebe ist, wenn Gott am Leben hängt und es gut meint, dann hat sie wohl recht.

Dietrich Bonhoeffer, der von den Nazis ermordete Pfarrer und Lehrer, der durch sein eigenes Schicksal Grund hatte, über solche Fragen intensiv nachzudenken, schrieb: »Gott erfüllt nicht alle unsere Gebete, aber alle seine Verheißungen.«

Gott erfüllt nicht alle unsere Gebete, aber alle seine Verheißungen. Ein Satz, über den es sich nachzudenken lohnt.

Kein trocken Brot

Es wäre ja alles gut und schön, wenn wir sichtbare Erfolge hätten. Was wäre das für eine Freude, wenn wir der hämischen Kollegin und der kopfschüttelnden Tochter unter die Nase reiben könnten: Hier, schau hin, ein Wunder, die Antwort auf deine Frage, die Antwort auf meine Gebete.

Mose hat an den Felsen geschlagen, und es strömte Wasser. Daniel sang Loblieder seinem Gott, und die Löwen taten ihm nichts an. Jesus verteilte fünf Brote und zwei Fische, und alle wurden satt.

Seine Kirche ist unermeßlich gewachsen, hat großartige Ideen, wertvolle Menschen, segensreiche Werke hervorgebracht – aber Wunder, Zeichen für die Nähe Gottes scheinen mehr und mehr auszubleiben. Viele hängen heute ihren Glauben an solche Zeichen: die Blutwerte aus dem Labor, die Börsenkurse, die Prognosen der fünf Weisen. Das ist Brot für einen, zwei, drei Tage, und dann habe ich Hunger auf neues.

Solches Brot ist Jesus Christus nicht. Das Brot des Lebens vermehrt sich durch Teilen, stärkt durch Hingabe und heilt von der Plage des alltäglichen Kampfes ums Überleben.

Es ist interessant: Jesus verteilt die Brote und Fische am Berg nicht, weil die Leute ein Wunder von ihm erwarten. Er tut es, weil die Menschen hungern, weil sie in Not sind. Weil selbst die beste Predigt einen knurrenden Magen nicht füllt und einem Arbeitslosen keine Arbeit verschafft. Diese alltägliche Not muß behoben werden. Er hilft, er teilt.

Und dann passiert's: Dann ergreifen sie ihn und wollen ihn zu ihrem König machen. Zum Brotkönig, der ihnen eben diese Alltagsprobleme löst. Und genau dem entzieht er sich dann. Wo man ihn benutzen will, einplanen will, wo ich Gott an mich binden will für mein ganz persönliches Wohlergehen, mein Glück, da entzieht er sich.

Nein, es wäre zynisch angesichts der Not in der Welt und

auch zunehmend in unserem Land – es wäre zynisch, den Hungernden den Hunger ausreden zu wollen. Menschen brauchen Arbeit, brauchen eine Wohnung, brauchen Nahrung und Auskommen, brauchen soziale Sicherheit. Menschen brauchen das tägliche Brot. Und Jesus lehrt uns beten um eben dieses tägliche Brot.

Und doch hat ein so Gesättigter neuen Hunger, wird ein so Genesener wieder krank und ein vor dem sozialen Ausstieg Geretteter wird neu gefährdet. Und es ist schlimm, daß die einen so viel vom »täglich Brot« horten, daß es für die anderen fehlt.

Und doch: Wir Christen haben noch mehr zu sagen. Wir haben zu sagen: Du, verschwende nicht alles, all deine Energie, all deine Gaben, all deine Interessen für die Sorge. Die volle Kornscheuer ist nur die eine Seite, der Herzinfarkt die andere. Hier der Aufstieg im Betrieb, dort die kaputte Ehe. Die guten Noten sind das eine, daß du verlernt hast zu spielen, ist die andere.

Fänden Sie nur eine Viertelstunde Zeit am Tag, in der Bibel zu lesen, einfach ein Evangelium zur Hand zu nehmen, einen der Briefe oder Propheten. Innehalten, nachsinnen, weiterlesen. Was ich nicht verstanden habe, erschließt sich vielleicht beim nächsten, beim übernächsten Mal. Immer wieder neu die Seele zur Ruhe kommen lassen.

Fänden Sie nur zehn Minuten Zeit am Tag zum Gebet. Nicht erst abends todmüde im Bett noch ein paar hingeworfene Bitten. Hinsetzen, Ruhe finden, beten – am Vaterunser entlang, an einem Bibelvers entlang, mit offenen Händen beten.

Fänden Sie nur den Mut zu Begegnungen, die tiefer sind als der flüchtige Blick in das Gesicht des anderen, wenn man sich auf dem Zebrastreifen entgegenkommt.

Wir haben Beschaulichkeit verlernt, kennen die Berge, das Meer, die Blumen fast schon besser durchs Objektiv unserer Kameras als durch schauende Vertiefung. Setzen Sie sich mitten in eine Bergwiese. Am Anfang ein kurzes Staunen über die Blumen, die Farben, den Duft. Je länger Sie schauen, um so mehr entdecken Sie vom Leben um sich. Nicht anders mit einem Bibeltext, nicht anders mit einem Jesuswort. Dann brauche ich auch keinen Beweis mehr, dann beginne ich auf andere Weise zu verstehen. Und dieses Verstehen beginnt mit einem tiefen Aufatmen und Ausatmen, einem Danke der Seele.

Von Arnim Juhre gibt es ein Gedicht vom Denken und Danken:

»Ich habe die Faser nicht gesponnen,
die Stoffe nicht gewebt,
die ich am Leibe trage,
ich habe nicht die Schuhe,
die Schritte nur gemacht.

Ich habe nicht gelernt, zu schlachten,
zu pflügen und zu säen,
und bin doch nicht verhungert,
ich kann nicht Trauben keltern
und trinke doch den Wein.

Ich habe die Städte nicht entworfen,
die Häuser nicht gebaut,
und doch hab ich zu wohnen,
ich kann nicht Ziegel brennen,
und doch schützt mich mein Dach.«[9]

Wer mich ansieht, sieht viele andere nicht,
die mich ernährt, gelehrt, gekleidet haben,
die mich geliebt, gepflegt, gefördert haben.
Mit jedem Schritt gehn viele Schritte mit.
Mit jedem Dank gehn viel Gedanken mit.

Vermutlich muß man sich auf längere Zeiträume, auf weitere Horizonte, auf tiefere Tiefen einlassen – auf Maße, die hinausreichen über ein Leben.

Geige mit Riß

Ich muß vorausschicken, daß ich – mehr schlecht als recht, und trotzdem begeistert gern – Geige spiele und auch zwei relativ einfache Instrumente besitze. Eine dieser Geigen ist sehr laut, sehr hart. Schon immer mußte ich mich deshalb zurückhalten, wenn ich in einem Orchester oder wenn ich Trio und Quartett spielte. Wie gesagt, die Geige, auf der ich gerne spiele, sie ist auch die bessere, ist sehr laut und hart. Deshalb habe ich aufgehorcht und bin mit meinen Gedanken hängengeblieben, als ich ein Gedicht von Hermann Hesse las. Es heißt »Risse« und ist knapp 100 Jahre alt. Hermann Hesse schreibt:

»Ich hatte eine seltene Violine
Mit wunderbar gebräunten, blanken, starken
Wänden und lichten,
Echten, uralten Zargen.
Nur schräg am Boden, sichtbar keinem Laien,
Zog sich ein Riß und gab den edlen Tönen
Ein seltsam hartes,
Verwundetes, krankes Stöhnen.
Krähn können auch die Raben.
Wer klingen will,
Wer Lieder singen will,
Darf keine Risse haben.«[10]

»Krähn können auch die Raben. Wer klingen will, wer Lieder singen will, darf keine Risse haben.« Recht hat er, habe ich gedacht. Auch meine etwas laute und harte Geige hat quer durch den Boden einen Riß. Als ich dieses Gedicht von Hesse las, habe ich zum erstenmal meine Geige verstanden. Und mich dazu. Ich bin auch manchmal laut. Ich bin dann laut, wenn sich jemand meinen Wunden nähert, auf meine Risse zeigt, meine Fehler entblößt.

»Krähn können auch die Raben. Wer klingen will, wer Lieder singen will, darf keine Risse haben.« Hat er recht, der sensible Dichter? Dann müßten wir alle einpacken. Unsere Instrumente einpacken, unsere Seelen einpacken, unser Leben einpacken. Jeder hat seinen Riß. Der eine hat ihn in der Ehe, der andere bei den Kindern, der dritte bei der Gesundheit, ein vierter beim Glauben. Schlimm ist es, wenn mehrere Risse zusammenkommen.

Menschen, die zu ihren Rissen stehen, sind vielleicht lauter, klingen härter, aber sie haben eine Geschichte. Sie sind ganz etwas eigenes. Sie sind unverwechselbar geworden. Sie mögen hart klingen, aber sie sollen ihre Lieder singen. Sie sollen das »Krähen« nicht den Raben überlassen. Sie sollen getrost mit der verwundeten Seele ihre Lieder singen.

Gott heilt – so glauben wir Christen – die Risse unseres Lebens. Die Risse unseres Lebens hat er zu den seinen gemacht. Wir brauchen uns mit Falten, Um- und Irrwegen nicht zu verdrücken wie ein Rabe, der nicht mitsingen darf im Konzert der Singvögel. »...durch seine Wunden sind wir geheilt.«

Übrigens hat ein mir befreundeter Geigenbauer aus Mannheim gemeint, das mit dem Riß und dem harten Klang stimme nicht. Der Hermann Hesse verstehe sicherlich etwas vom Gedichteschreiben, aber wenig vom Geigenbau. Womit sich der Handwerker und der Pfarrer einig wären. Risse sind kein Hindernis, nicht für Geigen und nicht für Menschen.

Wo haben Sie das Gotteskind versteckt?

Wo haben Sie das Gotteskind hingesteckt in Ihrem Leben? Traumatisch die Vorstellung: Alle stehen sie da am Weihnachtsabend an der Krippe: Mutter, Vater, Hirten, Könige, Ochs und Esel – und starren ins Leere. Die Krippe ist leer. Wo haben Sie das Gotteskind hingesteckt?

Ich selber werde schon unruhig vor Totensonntag. Würde am liebsten schon im Herbst aufbauen: Krippe, Weihnachtspyramide, Sternsinger. Von mir aus könnte das Jahr sechs oder sieben Advente haben.

Haben Sie das Gotteskind auch so versteckt wie ich? Hinter Symbolen, Wünschen, Träumen, Kindheitserinnerungen? Stille Nacht und Pfeffernüsse, Baum, Glocken und Weihnachtsmarkt können uns auch ganz schön den Blick verbauen auf das Kind. Das Kind in der Krippe sagt als Erwachsener: »Was ihr getan habt einem unter meinen geringsten Brüdern, das habt ihr mir getan.« So also ist das: In der Mitte des Stalles steht mal ein Mensch auf der Suche nach Arbeit, mal eine Familie auf der Flucht, mal eine Hungernde in Bangladesch, mal ein zur Prostitution gezwungenes Mädchen. So einfach ist das. So schwierig und sperrig ist das. Weil ich mir ja nicht das bißchen Weihnachtsbesinnlichkeit kaputtmachen lassen will, das sich über die Adventshektik noch hinübergerettet hat.

Freuen Sie sich über Kerzen, über Sterne und Kinder, über die Krippe und die Verschrottung von Atomraketen, über Grüße und Besuche, über Glocken und Lichterketten. Freuen Sie sich über alles.

Aber vergessen Sie nicht den Christus. Ihm galten einmal all die Symbole. Wer sie nicht mehr auf ihn hin deuten kann, tappt bei aller Fülle des Lichts im Dunkeln. Wer das verlorene Gotteskind sucht, braucht eine gehörige Portion – Liebe.

Der einzige Trost im Leben und im Sterben

In diesen Tagen las ich in unserem Pfarrerblatt den Nachruf für einen verstorbenen, hochbetagten Kollegen. Er hatte darum gebeten, daß nicht sein Lebenslauf und damit die nachträgliche Beschreibung der Wertschätzung seiner Person und seines Dienstes abgedruckt würde. Er hatte darum gebeten, anstelle dessen wenige Worte im Pfarrerblatt zu veröffentlichen, die ihm zeitlebens wichtig waren und ihn bis ans Ende begleitet haben.

Ich halte das für eine sehr überzeugende Art, wie jemand eigentlich sein Testament machen sollte, und mich hat natürlich sehr interessiert, welche Worte dem verstorbenen Kollegen so wichtig waren, daß er sie uns als seinen Nachlaß vermacht.

Eines dieser fünf, sechs Worte haben wahrscheinlich viele von Ihnen einmal auswendig gelernt. Es ist die erste Frage und die erste Antwort des reformierten Heidelberger Katechismus. Dort heißt es:

»Was ist dein einziger Trost im Leben und im Sterben?
Daß ich mit Leib und Seele,
beides im Leben und im Sterben,
nicht mein, sondern meines getreuen Heilandes
Jesu Christi eigen bin…«

Die Katechismusantwort geht noch weiter. Mir soll hier diese kurze Frage an uns genügen.

Ist das nicht eine ganz fremde Welt? Es ist ja nicht nur so, daß wir Schwierigkeiten haben damit, zwischen Jesus Christus und beispielsweise unserem Frühstück eine Verbindung herzustellen, das gilt eigentlich für den ganzen Tag. Es ist schwierig zu übersetzen, daß Jesus Christus mit unserem Leben und dann natürlich auch mit unserem Sterben etwas zu tun haben soll. Immer wieder sage ich es: Die Krise unseres Glaubens ist die Krise des zweiten Glaubensartikels, ist die Krise des Glaubens an Jesus Christus. Daß es da einen Schöpfer, einen guten Geist, einen guten Vater »überm Sternenzelt« gibt, dazu brauche ich nicht einmal einen Kirchenchor, das singt fast jeder Männergesangsverein. Und daß ein guter Geist, ein positiver Wille in vielen wirkt, damit sie das spärliche Gute in unserer Zeit auch tun, das mag auch noch einleuchten. Aber daß dieser Jesus von Nazareth mehr sein soll als ein nachahmenswertes Vorbild; daß Jesus Christus eben etwas anderes ist als der »gute Kerl von Nazareth«, das ist die eigentliche Provokation.

Wer eigentlich ist ein Christ? Ich würde sagen: Der ist ein Christ, der mit Leib und Seele, im Leben und Sterben seinen Trost daraus bezieht, daß er zu Jesus Christus gehört. Was sollen wir denn sonst sagen? Die Nächstenliebe? Dazu brauche ich wirklich nicht Christ zu sein. Nicht einmal für die Feindesliebe, nicht für die Friedenssehnsucht und nicht für die Gerechtigkeit. Das alles ist für Christen auch selbstverständlich. Von anderen unterscheidet sie unmißverständlich, daß sie in alldem nicht ihren Jesus nachahmen wollen, sondern ihm ihr Leben und Sterben anvertrauen. Und das ist noch einmal etwas ganz anderes.

Mit dem Sterben leben

Die Menschen erwarten mehr Ehrlichkeit, mehr Zeit und mehr menschliche Nähe von ihren Ärzten. Es besteht immer noch eine weitverbreitete Scheu, zu fragen und das tiefere Gespräch über eine Krankheit zu suchen. Immer wieder spielt das in unseren Seelsorgegesprächen eine Rolle, auch bei Anmeldungen von Beerdigungen. Alle haben's gewußt, keiner hatte den Mut, darüber zu reden. Auch nicht mit dem Arzt.

Welche Nähe das erfordert und welches Aushalten mit dem Sterbenden! Wer mit ihm offen redet, ist eingebunden in den Sterbeprozeß. Kann sich nicht mehr einfach so herausnehmen: Ja, und jetzt mach mal alleine weiter. Wer mit einem Todkranken offen über sein Sterben spricht, übernimmt eine Mitverantwortung für dieses Sterben.

Es gibt keine annähernd so offensichtliche und gleichzeitig so versteckte Wirklichkeit unter uns wie Sterben und Tod. Und doch, vielleicht gerade deshalb: Veranstaltungen, Gesprächskreise über dieses Tabuthema haben einen Zulauf wie kaum andere. Offensichtlich brauchen wir zu dickfelligen Einzelkämpfern ausstaffierten Menschen dringend das Gespräch über diese tiefen Fragen, die unter die Haut gehen.

Ich spüre die tiefe Sehnsucht des Menschen nach so etwas wie einer »gnädigen Ehrlichkeit«, einer Ehrlichkeit, die mich nicht fertigmacht, wie ein Urteil über mich kommt und mich dann allein läßt. Sondern eine Ehrlichkeit, deren Nähe bleibt, die gleichzeitig eine Zuwendung, eine Beteiligung ist.

Ich denke an einen konkreten Abend. Fast an die hundert Besucher. Eigentlich eine Größenordnung, bei der man nicht mehr »miteinander« reden kann. An diesem Abend war das anders. Einer hörte dem anderen zu, ertrug die Erfahrungen des anderen, neidete ihm nicht die guten, kostete die schlechten nicht aus. Da war Nähe, obwohl wir so viele waren. Je länger wir redeten, um so häufiger sprachen wir über Hoffnungen, über Wünsche und Bitten. Ein leitender Arzt einer Heidelberger Klinik bat uns Christen, uns doch sehr viel intensiver um die Kranken in den Krankenhäusern zu kümmern. Besuche, Kontakte seien lebenswichtig. Er nannte erstaunliche Zahlen, nach denen Menschen, die eingebettet sind in soziale Kontakte, in Liebe und auch in Aufgaben, trotz einer Krebserkrankung eine deutlich höhere Lebenserwartung haben als Menschen, die sozusagen aus dem Zuhause herausgefallen sind.

Allein in Baden-Württemberg gibt es knapp 100 000 Krankenhausplätze. Eine erstaunlich hohe Zahl. Ich habe mich nach den Sterbefällen erkundigt. Ungefähr 92 000 Menschen sterben in Baden-Württemberg pro Jahr. 92 000, von denen nicht wenige die großen, entscheidenden Fragen nicht mehr stellen, weil kein Ohr sie hört, weil nicht einmal eine Hand da ist, die bleibt.

Wir haben verlernt, mit dem Sterben zu leben. Wir müssen es neu lernen. Auch die gnädige Ehrlichkeit am Krankenbett, das Aushalten, selbst wenn man am liebsten davonlaufen würde. Jeder von uns ist darauf angewiesen, daß er mindestens einen hat, der bleibt. Biblisch nennt man den, der tröstet und bleibt, den Heiligen Geist. Ohne den bricht alles auseinander. Wir erleben es, wie leicht gerade die, die einen besonderen Halt bräuchten unter uns, am Rand gebrochen werden, so wie eben der Rand eines Tellers die ersten Makken bekommt. Und wie schnell wird ein so kleiner Zacken am Rand zum Riß, der durch den ganzen Teller geht. Wir brauchen so nötig Menschen, die bleiben. Nicht nur für die Sterbenden. Aber auch für die.

Wie komm' ich da wieder raus?

Das geht ganz schnell. Plötzlich hängst du in einer Sache drin und rotierst. Vergißt alle guten Vorsätze und denkst nur noch, wie du schnell und ungeschoren aus der Sache rauskommst.

Ich habe einmal alle Illusionen über mich selbst und den guten Kern in mir an einer Straßenkreuzung verloren. Es war noch zu meiner Studentenzeit. Ich fuhr mit meinem ersten klapprigen VW durch Heidelberg, ein Freund neben mir. Wir unterhielten uns. Wie aus heiterem Himmel ist plötzlich ein Motorradfahrer da, knallt vorne an mein Auto, fliegt einige Meter weiter und bleibt regungslos an einem Laternenmast liegen. Meine erste Reaktion? Ich fragte meinen Freund: »Du, Martin, hab' ich Vorfahrt?«

Gut, ich hatte Vorfahrt, aber daß mir das spontan das Wichtigste war, wichtiger als das Befinden des jungen Mannes, der unter meine Räder gekommen war, das hat mir die Illusion über mich selbst geraubt. Der Unfall ging einigermaßen glimpflich aus. Aber seither bin ich zurückhaltender mit moralischen Sprüchen.

Ob ich nun Pfarrer bin oder nicht, das ist einfach so. Das geht ganz schnell. Plötzlich hängst du in was drin. Panik. Wie komm' ich da wieder raus?

Ausreden erfinden, Spuren verwischen, Entschuldigungen suchen. Salopp gesagt: Ich mach' ein Konto auf beim Teufel, und der gibt jede Menge Kredit. Bei dem darf ich das Konto überziehen. Aber so werde ich meine Schuld nicht los. Das Konto wächst und wächst, noch nach 50 Jahren. Der Teufel reibt sich die Hände und gibt immer noch Kredit.

Ohne Gott, so will ich Ihnen das als mitbetroffener Zeitgenosse sagen: Ohne Gott bleibe ich auf meinem teuflischen Konto sitzen. Damit das nicht passiert, schickt Gott seinen

Sohn. Er bezahlt. Er eröffnet ein neues Konto. Er lacht sich auch nicht ins Fäustchen wie der Teufel. Für seinen Kredit bürgt er mit seinem Leben.

Das ist eine andere Geschichte. Aber ein christliches Fest ohne diese Geschichte ist nur die halbe Wahrheit.

Guten Morgen am Freitag

Frisch konfirmiert

Kathrin ist am Sonntag konfirmiert worden. Christian auch. Ebenso wie Annika und Stephan. Hin- und hergerissen zwischen Kindheit und Erwachsensein. Ich kann Ihnen als Pfarrer und Vater von vier Kindern ehrlich sagen: Wir ahnen kaum etwas von den Seelen unserer Kinder.

Manchmal wünschte ich mir, die Eltern könnten Mäuschen spielen, wenn sie sich unterhalten. So ganz beiläufig. Über uns, über ihre Eltern. Was ich so ungewollt aufschnappe – ich gehöre ja auch zu dieser Erwachsenenwelt – was ich so aufschnappe, raubt mir jede Illusion.

Es gibt keinen Bereich menschlichen Lebens, in dem man so viele Fehler machen kann wie bei der Erziehung der Kinder. Sie müssen, das habe ich gelernt, anders werden dürfen als wir. Der Sohn des Deutschlehrers muß die Diktate verhauen, dafür von zehn Elfmetern wenigstens acht unter Garantie versenken. Die Tochter des Pfarrers muß in Religion die Drei oder Vier nach Hause bringen, und Sabine, die ganze Hoffnung eines Installateurs, muß Waschbecken und Siphons meiden wie die Pest. Irgendwie müssen sie alle anders werden dürfen als wir. Nein, nicht daß Sie mich falsch verstehen, daß ich im Hinterkopf die Hoffnung hätte, sie kämen dann später zurück auf den richtigen Weg, und ich meine meinen Weg damit. Nein – ihren eigenen Weg.

Konfirmation heißt übersetzt Versicherung, Bestätigung. Ich möchte gerne am vergangenen Sonntag Kathrin, Christian, Sandra, Carina und all die anderen nicht nur in den Zustand eines Heranwachsenden »gehievt« haben. Eigentlich wollte ich ihnen sagen: Welche Wege auch immer ihr geht, und erst recht, welche Umwege – es ist euer Weg. Dein ganz unverwechselbarer Weg. Dein – was auch immer kommt – von Gott begleiteter Weg. Und: Interessant seid ihr nicht nur als Abklatsch von uns. Es gibt nichts Langweiligeres in der Erziehung als Kopien. Die neuen Wege sind die eigenen. Und exakt diese neuen Wege geht einer mit, der sie nicht zurechtbiegen will. Das ist auch »Konfirmation«: Nun geh selbst. Ich bleibe im Hintergrund. Was uns Eltern so schwerfällt: Ich bleibe im Hintergrund – deines Weges.

Als ob wir – 14, 40 oder 70 Jahre alt – das nicht täglich nötig hätten: die Versicherung, daß es keinen Umweg gibt, der nicht ans Ziel führen könnte. Früher oder später. Heute oder morgen. Ohne Kleingedrucktes. Einfach so.

Was haben wir nur falsch gemacht?

Guten Morgen! Ich wünsche Ihnen von Herzen, daß es ein guter Morgen ist. Ich kenne eine Reihe von Menschen, die mit Sicherheit auch in dieser Nacht nur wenige Stunden geschlafen haben. Denen auch das Wochenende keine Erholung bringt und der Urlaub keinen Abstand. Sie schleppen eine Frage mit sich herum, die sie zermürbt: »Was habe ich nur falsch gemacht?«

Ich denke an eine Frau, die mir schreibt, daß ihr Mann seit Monaten kein Wort mehr mit ihr spricht. Nicht einmal das Nötigste. Abgesehen davon, daß das eine fiese, aber deutlich die Schwäche dieses Mannes bezeichnende Methode der Unterdrückung ist, sie kommt nicht darüber hinweg und sucht die Schuld bei sich. »Was habe ich nur falsch gemacht?« Ich habe den Eindruck, es dauert nicht mehr lange, dann ist diese Frau zerstört.

Ich denke an die Eltern einer ganzen Reihe von schuldig gewordenen jungen Männern, die bei spektakulären Prozessen in den letzten Monaten wegen Mordes angeklagt waren und auch verurteilt wurden. »Was haben wir nur falsch gemacht bei der Erziehung?« Ich stelle mir ja auch diese Frage, wenn eines meiner Kinder, entschieden weit vom väterlichen oder mütterlichen Stamm, als angedellter Apfel unsanft zu Boden fällt. Stundenlang abends bis in die Nacht, x-mal durchgekaut die Frage: »Was machen wir nur falsch?«

Ich könnte erzählen von Dutzenden Beerdigungsgesprächen, Gesprächen bei Schwerkranken, Gesprächen mit Menschen angesichts des Scherbenhaufens ihrer Ehe: »Was habe ich nur falsch gemacht?«

Keine Frage: Wo Korrekturen noch möglich sind, wo es in unserer Macht steht, sollen wir Fehler korrigieren. Aber oft genug geht das nicht. Aber wenn ich Fehler nicht mehr wiedergutmachen kann, wenn das nicht mehr geht?

Jesus sagt an manchen Stellen Worte, die scheinbar verletzen, die näher betrachtet aber heilen: »Laß die Toten ihre Toten begraben«, sagt er zu einem jungen Mann, »du aber gehe hin und predige das Evangelium.« Oder ganz allgemein: »Wer die Hand an den Pflug legt und sieht zurück, der ist nicht geschickt zum Reich Gottes.«

Das Grübeln über vergangene Fehler, die nicht mehr zu korrigieren sind, macht krank. Das gehört zu meiner Geschichte: Meine Stärken wie meine Schwächen, meine Umwege wie mein Gelungenes. Ich lasse mich nicht festlegen auf meine Vergangenheit. Ich glaube an den Heiligen Geist, die heilige christliche Kirche, die Gemeinschaft der Heiligen – und ebenso glaube ich an die Vergebung der Sünden wie an das ewige Leben. Das ist auch unser Glaubensbekenntnis. Wer mich auf meine Vergangenheit festlegt, tut mir nicht nur Unrecht, er glaubt auch nicht an den Gott der Bibel.

»Was haben wir nur falsch gemacht?« Vieles. Ungeschöntes Leben ist eine Ansammlung von Umwegen, alles andere ist Lüge. Ich möchte Ihnen Mut machen, diese Umwege aufrecht zu gehen. Ich habe oft genug die Erfahrung gemacht, daß das Eingeständnis von Fehlern erst dann möglich ist, wenn mich einer liebhat. Und dann öffnet sich ein neuer Weg. Das eben erzählt uns die Bibel. Daß uns einer liebhat, damit wir aufrecht gehen können trotz aller Fehler.

Gott behüte dich

Wer wegfährt, verabschiedet sich. Wer für Wochen wegfährt, verabschiedet sich anders, als wenn man sich schon
morgen wieder sieht. Ich habe mich etwas kundig gemacht,
wie Menschen sich verabschieden.

Meist heißt das »Auf Wiedersehen«, auf italienisch »arrive-
derci« – bis zum Wiedersehen, oder auf französisch »au revoir«
– auf Wiedersehen, »hasta la vista« sagt man auf argentinisch
oder spanisch und gibt sich beim Abschied einen Kuß auf die
Wange. Gleich dreimal küßt man sich in Basel, und es scheint
immer schwierig zu wissen, auf welcher Seite man anfängt.

Bislang nannte ich nur Abschiedsgrüße, die sich mit
dem Wiedersehen derer befassen, die sich da verabschieden.
Aber es gibt auch noch ganz andere Grüße. In Indonesien
kreuzt man die Hände vor der Brust, beugt sich tief, je ange-
sehener der andere ist, um so tiefer, und sagt: »S^e lamat ja-
lan«, das heißt »glückliche und heile Reise«. »Sayonara« auf
japanisch, das heißt nicht einfach »Auf Wiedersehen«, sondern wenn man es übersetzt, heißt es: »Wenn es denn so sein
muß«. Wenn wir also auseinandergehen müssen, dann sayonara – wenn es denn so sein muß.

»Adios« sagt man auf spanisch – »mit Gott«. Oder »adieu«
auf französisch – »mit Gott«.

»Good bye« sagen die Engländer und Amerikaner. Das ist
zusammengezogen aus »God would be with you« – »Gott möge mit dir sein«. Die Italiener haben aus »Adieu« bzw. aus dem
lateinischen Vorläufer »ciao« gemacht, und wir? Aus »adieu« –
»mit Gott« – haben wir Deutsche »ade«, »tschüß«, »tschau« und
»adele« gemacht. »Tschüß« heißt eigentlich »Mit Gott, Gott
mit dir!« »Pfüet di« sagen die Bayern, »Behüt dich«, aber es ist
nicht gemeint, »Behüt dich selber«. Ursprünglich heißt auch
das »Pfüet di Gott« – »Behüt dich Gott«.

Abschiede sind wichtige Stationen im Leben der Menschen. Bei Abschieden bitten sie Gott um Geleit, um Segen, um gute Rückkehr, um ein Wiedersehen. Es gibt einen alten irischen Reisesegen. Ich mag ihn sehr. Er ist für mich seit Jahren im wahrsten Sinne des Wortes herzerfrischend:

Möge dein Weg
dir freundlich entgegenkommen,
möge der Wind dir den Rücken stärken.
Möge die Sonne dein Gesicht erhellen
und der Regen um dich her die Felder tränken.
Und bis wir beide, du und ich,
uns wiedersehen,
möge Gott dich schützend in seiner Hand halten.
Gott möge bei dir auf deinem Kissen ruhen.
Deine Wege mögen dich aufwärts führen,
freundliches Wetter begleite deinen Schritt.
Und mögest du längst im Himmel sein,
wenn der Teufel bemerkt, daß du nicht mehr da bist.

Der Schritt ans Licht

Eine kurze Rundfunksendung hat mich sehr hellhörig gemacht. Es begann alles ganz rätselhaft: Da gibt es im Süden unseres Landes, im Rebland, das Angebot, an einem Tag der Woche so wie den anderen Müll auch Glas abzuholen, Flaschen, Gläser, was sich eben so ansammelt und dann normalerweise seinen Weg in einen Glascontainer findet. Nach wenigen Wochen war das Ergebnis erstaunlich: Alles wurde vor die Türe gestellt, zerbrochene Spiegel, Gläschen für Babynahrung, Senf- und Gurkengläser, Reste von Fensterscheiben – nur keine Flaschen. Das Rätsel wurde durch Befragungen gelöst, es kam heraus: Keiner möchte, daß die anderen wissen, was und wieviel er trinkt. Da fahren die Menschen lieber einige Kilometer weiter, wo sie keiner kennt, und werfen die Flaschen in den Container. Gibt es ein deutlicheres Zeichen dafür, daß uns sehr wohl bewußt ist, was wir tun und wie wir uns schaden mit unserer Art zu leben, zu essen und zu trinken?

Daß der durchschnittliche Bundesbürger pro Tag etwa ein halbes Pfund Fleisch oder Wurst ißt, und damit im Jahr so viel, wie er selbst wiegt, mag noch wenig überraschen. Gegenüber Mitte der 60er Jahre ist das allerdings eine Zunahme von über 50%. Der Gesamtfettverbrauch stieg um 26%. Aber das wird ja nicht versteckt. Bei den Süßigkeiten gibt es schon eine Grauzone. Daß man hinter dem Rücken anderer etwas nascht, betrifft nicht nur Kinder. Durchschnittlich raucht der Bundesbürger 2000 Zigaretten pro Jahr. Und bei all diesen Zahlen muß man wissen, daß »durchschnittlich« bedeutet, daß alle mitgerechnet sind, auch die Säuglinge. Für erschreckend halte ich das Ergebnis in bezug auf Alkohol. 11,8 Liter reinen Alkohols nimmt ein Bundesbürger im Durchschnitt pro Jahr zu sich. Ein findiger Drogenberater hat einmal mit einer Jugendgruppe auf unserem Marktplatz aufgebaut, was demnach eine vierköpfige Familie an Alkohol konsumiert, umgerechnet auf Bier, das wären das Jahr über 157 Kisten Bier und 6 Flaschen. Das glauben Sie nicht? Ich wollte das auch nicht glauben. Aber Sucht ist etwas, was die Öffentlichkeit scheut. Ohne es zu merken, ist man als Ehepartner, als Freund, als Vater oder Mutter mittendrin in diesem Teufelskreis, entschuldigt Fehler, fängt an mitzulügen aus Liebe und Verständnis, belügt den Arbeitgeber, bezahlt Schulden, will die Ehe retten und ist nachsichtig. Wie viele spielen nach außen dieses verlogene Spiel, sicherlich immer wieder in der Hoffnung auf Besserung, aber fast immer trügt diese Hoffnung.

Ob Medikamente, Süßigkeiten, Alkohol, Nikotin – jeder Sucht, jeder Abhängigkeit liegt ein krankes Ich zugrunde, gestörte Beziehungen, auch zu sich selbst. Ich helfe dem Abhängigen nicht, wenn ich ihn entschuldige, wenn ich den Arbeitgeber belüge oder die leeren Flaschen im Nachbardorf in den Container werfe. Wenn schon der Abhängige selbst die Öffentlichkeit scheut, dann sollten die Menschen um ihn den Weg zu einer Beratungsstelle gehen. Hilfe ist immer möglich. Aber der Schritt »ans Licht« ist die Voraussetzung dafür. Sie verraten damit niemanden und geben die Liebe nicht auf. Im Gegenteil. Der Schritt aus der Heimlichkeit ist der erste zur Lebensrettung. Die Verweigerung der Lüge ist ein Liebesdienst.

Utopie

Eine Legende aus Nordchina erzählt:

Es lebte einmal im Norden des Landes ein Mann. Er wohnte in einem Tal, am Fuß zweier großer Berge, Taihung und Wangwu. Die Berge versperrten den Weg nach Süden, und sie versperrten die Sicht auf die Sonne. Entschlossen machte sich der Alte mit seinen Söhnen daran, mit Hacke und Schaufel die Berge abzutragen.

Die Nachbarn lachten ihn aus. »Du wirst nie dein Ziel erreichen!« »Wenn ich sterbe«, sagte er, »werden meine Söhne weitermachen. Wenn sie sterben, werden meine Enkel weitermachen. Die Berge sind zwar hoch, aber sie wachsen nicht weiter. Wir haben Geduld, ein Ziel, und unsere Kraft kann wachsen. Es ist besser, etwas zu tun, als über den ewigen Schatten zu klagen.«

Und so grub er mit seinen Söhnen Wochen, Monate, Jahre. Das rührte Gott. Er schickte zwei seiner Engel auf die Erde, die trugen die Berge auf ihrem Rücken davon.

Manchmal gleichen mir unsere Gebete, unser Reden, unsere Hilfsaktionen, unsere Spenden – der gesammelte gute Wille der Menschen – dem Vorsatz dieses alten Mannes mit seinen beiden Söhnen. Ist es tatsächlich unmöglich, daß aus Feinden Freunde, aus Ohne-Menschen Mitmenschen werden können? Und woher nehmen wir angesichts des Alltags um uns diesen unverfrorenen Glauben an eine gute, mehr noch: an eine erlöste Welt?

Es ist Nacht. Sie gehen auf einer Ihnen kaum bekannten Straße. Dunkel. Keine Beleuchtung. Das ist durchaus kein angenehmes Gefühl. Und nun geht die Straßenbeleuchtung an. Aufatmen. Es ist die gleiche Straße. Nichts hat sich verändert. Und doch – bei Licht besehen – atmen wir schon etwas auf. Wir spüren, wie es sein kann, wenn Tag ist. Und darauf hin leben wir, glauben wir und handeln wir. Hin auf den Tag. Derzeit allerdings noch mit manchmal spärlicher, getrübter Beleuchtung. Und man muß gleich dazusagen, dieses Licht jetzt mitten in dem Dunkel hat für uns Christen eben den Namen Jesus Christus. Es ist nicht unsere Leuchtkraft, auf die wir uns verlassen. Und doch gehen wir Christen, manchmal ungeschickt und über die Richtung uneins, diesen Weg in Richtung Tag.

Keiner will die Berge wegreden. Vielleicht ist das gerade ein besonders deutliches Zeichen ehrlichen Glaubens, daß ich die Hindernisse nicht beschönige, die Berge nicht kleinrede und ohne rosarote Brille auskommen kann. Daß ich ehrlich sein kann. Ich sehe die Mauern, die Grenzen, die Kriege, die persönliche Not. Und bin aber gewiß, sie sind nicht für die Ewigkeit. Doch es ist wie bei allem, erst wenn ich wie der Alte mit seinen beiden Söhnen zu handeln beginne, bewegt sich auch etwas.

Das gilt für persönliches Elend, das gilt für die Trennung der Kirchen, das gilt für die Ungerechtigkeit auf der so oft und schwer verletzten Erde. Zwei Dinge sind wichtig: Daß wir engagiert dafür sorgen, daß die Berge nicht mehr wachsen. Und daß wir gelassen beginnen, sie abzutragen. Das Licht und der Tag sind keine Illusion. Die Engel sind längst mitten unter uns.

Wenn alle Stricke reißen

Also, wenn alle Stricke reißen, dann ruf mich an!

Das ist so etwa die letzte Absicherung. Wenn der Sohn mit 17 die erste Auslandsreise macht, mit zwei, drei anderen. Und die Mutter am liebsten sich selbst noch mit einpacken würde in den Reisekoffer. Aber – zur Sicherheit – wenn alle Stricke reißen, ruf an. Wir sind da.

Wir hatten im Kindergottesdienst mit den Älteren über Leben und Freude am Leben gesprochen. An der Wand stand der Satz: »Der ist für mich gestorben.« Schluß. Aus. Sie kennen das. Wie oft habe ich es gedacht: Schluß. Aus. Der ist für mich gestorben. Ich weiß nicht, wenn Sie so jetzt den Tag vor sich sehen, ob Ihnen nicht das eine oder andere Gesicht einfällt bei dem Satz: Der ist für mich gestorben.

Wie gehen wir eigentlich mit Menschen um, die »für uns gestorben« sind? Das kann doch nicht einfach so bleiben. Schluß. Aus. Das erträgt doch im Grunde keiner. Da muß es doch einen Weg geben, damit wieder Leben möglich ist.

Wir haben im Kindergottesdienst eine lange Schnur gespannt. Von einer Wand zur anderen. Ganz straff. Und dann habe ich die Schnur durchgeschnitten. Die Kinder sollten sich etwas einfallen lassen, um sie wieder irgendwie zusammenzubekommen. Das ging natürlich nicht. Die Schnur war vorher schon straff gespannt gewesen. Ein Knoten war nicht möglich. Es sei denn, wir hätten so gezogen, daß eine Schnur abgerissen wäre von der Wand. Aber das konnte ja auch nicht der Sinn sein.

Irgendwie zusammenkleben, war ein Vorschlag. Aber das hält ja nichts aus. Einige meinten: An der Wand etwas lockern. Auf jeder Seite etwas nachgeben, dann kann man in der Mitte einen Knoten machen. Das haben wir dann auch getan. Auf beiden Seiten etwas nachgegeben. Dann war in der Mitte ein Knoten möglich. Wie lange der hält? Ich weiß nicht. Wenn alle Stricke reißen, ist so ein Knoten zumindest ein Anfang. Voraussetzung ist eben, daß auf beiden Seiten etwas nachgegeben wird. Viel nachgeben, das geht nur bei denen, die auch tiefe Wurzeln haben. Sagen wir einmal, die Christen unter uns. Die müßten eigentlich tief verankert sein und könnten entsprechend weit nachgeben.

Wenn ich mein Leben betrachte, dann ist da eine ganze Reihe von Stricken gerissen. Und ich tue mich sehr schwer mit dem Nachgeben und mit den Knoten. Was war ich schon froh, wenn andere nachgegeben haben. Das hat es mir dann auch wieder leichter gemacht. Auch bei Ihnen gibt es gerissene Stricke, lockere Knoten. Allzu großen Belastungen halten sie nicht stand. Ein Knoten am anderen. Meist gerade so zurechtgeflickt, alles andere als fest.

Und das wollte ich den Kindern sagen: Das Nachgeben ist nicht alles. Im Mann aus Nazareth hat Gott für uns alle eine ganz neue Schnur gespannt. Weil er sieht, wir kommen nicht zurecht, sagt Gott: Ich will nicht zusehen, wie alle Stricke reißen. Ich will eine neue Schnur spannen. Jetzt gebe *ich* nach. Ich gebe so viel nach, daß es für jeden zu einer neuen Schnur reicht. Für jeden reicht es zu einem neuen Leben.

Fragen Sie mich nicht, ob die Kinder das alles verstanden haben.

Vergebung. Das ist ja nichts anderes als – nachgeben, neu zusammenbinden, neu leben. Wenn alle Stricke reißen, dann leben wir immer noch davon, daß Gott die Fäden in der Hand hält. Und das ist gut zu wissen.

Rizinus: Zwischen Ökologie
und Kommunalpolitik

Drei Tage und Nächte saß der arme Kerl im Bauch des großen Fisches. So berichtet es jedenfalls die Bibel. Und Jona, so heißt der unfreiwillige Fischbewohner, merkt, daß Gott sich nicht hereinlegen läßt.

Jona wollte sich heimlich verdrücken. Gott hatte ihm einen unangenehmen Auftrag gegeben. Der Stadt Ninive sollte er die Wahrheit sagen. Er drückte sich. Und auf Umwegen landete er im Bauch des Fisches. Aber Gott hatte ein Einsehen, und nach drei Tagen spuckte der Fisch Jona an Land. Er erhielt nach dieser Lektion nochmals den gleichen Auftrag. Was blieb ihm nun übrig? Er ging nach Ninive, predigte der Stadt das Urteil Gottes. Die Bewohner erschraken zu Tode, änderten ihren Lebenswandel, Gott ließ sich umstimmen, die Stadt wurde verschont, und unser Jona war sauer: »Das aber verdroß Jona sehr«, heißt es in der Bibel, »und er war zornig.« Wenn du schon so schnell vergibst, warum dann die ganze Geschichte? Beleidigt zog Jona ab vor die Tore der Stadt, setzte sich in den Schatten einer Hütte und schmollte.

Gott merkte, daß er dem Jona vielleicht doch etwas entgegenkommen sollte, und ließ eine Rizinusstaude wachsen, über Nacht. Daß sie mit ihren großen Blättern dem armen Tropf Schatten spende in der Gluthitze, ihn ein wenig aufheitere.

In der Zwischenzeit hatte sich Jonas Laune merklich gebessert. Wir treffen ihn im Schatten des Rizinus sitzend vor seiner Hütte. Das ist nun wieder Gott zuviel des Guten. Er beauftragt einen Wurm, die Rizinusstaude zu stechen. Das geschieht, die Staude verdorrt und geht ein.

Verstehen Sie das? Jona hat es auch nicht verstanden. Und nicht nur dies: Gott ärgert den armen Kerl auch noch mit einem heißen Wüstenwind. Das gefällt Jona ganz und gar nicht. Er bekommt einen Sonnenstich und will sterben. Was nun wiederum Gott ärgert, worüber er wieder Krach mit Jona bekommt.

Hier schließt das Buch Jona. Wir wissen nicht, wie der Streit zwischen den beiden ausgegangen ist. Gott meint jedenfalls, wer Mitleid habe mit einer Rizinusstaude, der müsse auch Mitleid haben mit den 120 000 Bewohnern von Ninive. Womit er sicherlich nicht unrecht hat. Schon damals also ein kleiner, aber interessanter Konflikt zwischen Ökologie und Kommunalpolitik. Aber Jona wird sich zumindest etwas benutzt vorgekommen sein.

Und der Rizinus? Wollte ich in seinem Namen sprechen, käme ich anhand der Geschichte ins Grübeln. Heute stelle ich nur fest, es konnte keine andere Pflanze sein, die zu dieser Geschichte paßt. Nur der Rizinus. Sein Öl hat, bei richtiger Dosierung, durchaus heilende Kraft. Bei einigen Tropfen zuviel kann man sich aber durchaus so fühlen wie Jona im Bauch des Walfischs. Die Schreiber der Bibel besaßen offensichtlich nicht nur eine gute Kenntnis der Natur, sondern auch Humor.

Ich hoffe, Sie besitzen das auch! Was hätte Jona getan ohne Humor.

Heute wird übrigens das Rizinusöl in der Hauptsache als Schmiermittel für Flugzeuge und in der Plastikindustrie verwendet.

Tragen Sie es mit Humor. Und freuen Sie sich mit den 120 000 Verschonten in Ninive.

Standuhr

Schon immer habe ich mir eine Standuhr gewünscht. Wegen der Ruhe, der Behaglichkeit, wegen des tiefen Schlages. Und jetzt steht sie da. Jede Sekunde macht das Pendel eine Schwingung. Das beruhigt die Nerven, man kann sich hineingeben in dieses sanfte, schwere Schwingen. An Abenden, wenn es draußen ruhiger geworden ist, füllt ihr gleichmäßiges Ticken das Wohnzimmer. Jede Sekunde ein Pendelschlag. Jede Sekunde ein Ticken. Wir rechnen unser Leben ja nicht in Sekunden. Wir rechnen in Jahren. Siebzig Jahre, achtzig Jahre. Nur in besonderen Fällen, bei Schwerkranken oder Sterbenden, rechnen wir manchmal in Wochen und Tagen.

Kinder denken noch anders. Noch fünf Minuten aufbleiben, nur noch fünf Minuten. Sie sind entscheidend.

Unsere Standuhr ist ungefähr hundert Jahre alt. Das ist eigentlich noch gar kein Alter für eine Uhr. Bei Menschen sagt man schon mit siebzig, das sei ein schönes Alter. Was schätzen Sie, so auf die Schnelle: Wie viele Sekunden sind das, siebzig Jahre? Wie viele Sekunden umfaßt ein siebzigjähriges Leben?

Ich habe gerechnet: Es sind genau zwei Milliarden, zweihundertsieben Millionen, fünfhundertzwanzigtausend Sekunden. Stark zwei Milliarden. In Mark und Pfennig ist das unvorstellbar viel. Aber bezogen auf unser Leben? Ich hatte mir die Zahl eigentlich viel höher vorgestellt. Billionen oder Trillionen. Das Leben muß doch etwas Gewaltiges, Unendliches sein. Dabei sind es nur etwas mehr als zwei Milliarden. Eigentlich eine sehr kleine Zahl. Ein Fünfzigjähriger hat schon ungefähr eineinhalb Milliarden Sekunden gelebt.

Millionenfach dieser Schlag der Uhr, das Schwingen des Pendels. Und doch kommt in unserem Leben nichts wieder.

Keine Sekunde. Jeder Augenblick ist es wert, daß man ihn würdigt. Es lohnt sich, einmal über die Lebenszeit nachzudenken, gleich, wo im Augenblick der Zeiger Ihrer Lebensuhr steht.

Fragen Sie doch einmal die anderen, fragen Sie nach den siebzig Jahren und wieviel Sekunden das sind. Es lohnt sich, über die Frage nachzudenken, wie ich mit meiner Zeit umgehe. Wie ich mit den ungefähr zwei Milliarden Sekunden umgehe. Da zählt alles: Die 35 Sekunden an der Ampel. Die fast 30 000 Sekunden heute im Betrieb.

Es gibt auch Situationen, wo uns Minuten und Sekunden ganz wichtig sind. Diese fünf Minuten, die ich morgens dem Aufstehen noch abtrotze, obwohl der Wecker laut und deutlich genug war. Intensive Zeiten der Liebe. Eine kurze Begegnung, die aber bleibt und prägt. Es gibt neben den vielen, fast belanglos verrinnenden Sekunden auch Augenblicke, die bleiben. Entscheidende Sekunden.

Es kommt nicht darauf an, immer wieder auf die Uhr zu schauen. Die Frage: Wieviel Zeit hab' ich noch? bringt das Herz zum Jagen, gefährdet den Augenblick. Ich suche eher dieses ruhige Schwingen des Pendels, dieses Jasagen zum Augenblick, die Gelassenheit des Christen, der sich hineinbegibt in Stunde und Tag, weil alles Gottes Zeit ist.

Vielleicht haben Sie schon einmal in alten Briefen, Handschriften oder Büchern die drei Buchstaben s.c.j. gefunden, s – c – j. Das ist die Abkürzung für sub conditione jacobi, unter der Bedingung des Jakobus. Gemeint ist damit eine Stelle im Jakobusbrief. Dort heißt es im 4. Kapitel: »So Gott will und wir leben.« So Gott will und wir leben, werden wir euch im nächsten Jahr besuchen. So Gott will und wir leben, feiern wir in zwei Jahren Goldene Hochzeit. Das schrieben die Alten oft genug unter ihre Briefe, die auf langen Wegen die Heimat erreichten. Selbst im Krieg stand noch auf mancher Karte: s.c.j. Unter der Bedingung des Jakobus. So Gott will und wir leben.

Ein ernster Gedanke. Wenn mir dieser Gedanke nicht mehr weh tut, bin ich einen entscheidenden Schritt weiter in meinem Glauben, kann mich tragen lassen vom Uhrwerk, Sekunde um Sekunde, kann den Augenblick genießen ohne die Angst, ihn zu verlieren.

Zeugnistag

Zeugnisse begleiten unser Leben. Zeugnistage sind meist unangenehme Tage.

Vor mir liegt eine Zeitungsnotiz, in der steht, daß die Zahl der Selbstmorde in der Bundesrepublik in der Zwischenzeit die Zahl der Verkehrstoten im Jahr übersteigt. 1991 knapp 11000 Verkehrstote und über 14000 Tote durch Selbstmord. Darunter sind auch in jedem Jahr Schüler, die sich mit ihrem Zeugnis nicht mehr heimtrauen, die mit dem Versagen und den enttäuschten Erwartungen nicht mehr leben können.

Warum steht ein Abiturient, ein Einserschüler, mitten während des schriftlichen Abiturs auf, geht raus und wirft sich wenig später unter den Zug? Warum kommt ein Neunjähriger nach der Schule nicht nach Hause, versucht durchzubrennen, bis man ihn vollkommen kaputt und erschöpft Tage später auf einem Bahnhof findet? Warum müssen an den Zeugnistagen Kinderschutzbund, Telefonseelsorge und andere Institutionen Überstunden machen, kindliche und jugendliche Seelenwracks einladen zum Gespräch? Damit sie sich nichts antun. Damit sie nicht davonlaufen. Und alle Eltern denken, mein Kind macht das nie.

Liebe Schüler, zuerst möchte ich euch sagen, daß ich weiß, daß euch eure Eltern viel mehr mögen, als sie es euch zeigen. Ich rede aus Erfahrung. Ich bin auch Vater. Und eigentlich sind wir gar nicht enttäuscht über euch, wenn ihr schlecht seid in der Schule – wir sind enttäuscht über uns. Es ist nur schwierig, das dann auch zuzugeben.

Auch eure Lehrer sind anders als ihr Ruf. Ihr solltet sie mal im Lehrerzimmer erleben. Ich habe noch keinen kennengelernt, der partout einen Schüler fertigmachen wollte. Mit Lehrern kann man reden, besser allerdings nicht vor der Klasse, sondern unter vier Augen. Je besser euch ein Lehrer kennt und weiß, was euch freut, was euch angst macht, was ihr außerhalb der Schule noch tut und laßt, um so besser kann er sich auf euch einstellen. Redet mit den Lehrern. Sicherlich, auch unter ihnen gibt's sture Köpfe; aber glaubt mir, es zehrt manchmal auch ganz schön an den Nerven, vor 25 Schülern Unterricht zu halten, die so tun, als ob sie übermorgen schon in Rente gingen und eh schon alles wüßten.

Es ist ein schlimmes Gefühl, zu versagen. Wie oft habe ich auch gekniffen, um nicht Erwartungen zu enttäuschen.

Da hat einer ein Bild von euch, und ihr fallt immer aus dem Rahmen. Aber denkt daran, das ist nicht euer Rahmen, das ist der Rahmen eurer Eltern oder eurer Lehrer. Gott hat einen viel größeren Rahmen für euer Bild, und wahrscheinlich auch eine ganz andere Vorstellung.

Wenn es nicht mehr geht, redet darüber. Mit den Eltern. Mit den Lehrern. Ein Schulwechsel oder das Wiederholen einer Klasse – meint ihr, eure Eltern und eure Lehrer wären so ganz ohne Umwege dahin gekommen, wo sie jetzt sind? Das alles ist kein Grund, dem Leben davonzulaufen. So vieles liegt noch vor euch. Freundschaften und Liebe. Überraschungen und Veränderungen. Gott hat sich noch eine Menge ausgedacht für euer Leben. Laßt euch eure Gaben und Träume nicht ausreden. Und brecht das Gespräch nicht ab. Schimpft, streitet, heult – aber brecht das Gespräch nicht ab.

Wer ihr seid und was ihr wert seid, bestimmen nicht Schulabschluß und Zeugnis. Das gilt bei schlechtem Zeugnis und bei einem guten. Ich wünsche euch Menschen an allen Zeugnistagen, die euch verstehen. Es gibt sie, diese Menschen, ganz bestimmt. Auch unter uns Pfarrern.

Jesus hat seinen etwas karriereorientierten Schülern gesagt: »Die Letzten werden die Ersten sein.« Diese himmlische Meßlatte hat durchaus schon auf der Erde Gültigkeit. Dazu braucht es Geduld, Geduld auch mit euch selber.

Zachäus und die Folgen

Sie kennen Zachäus. Eine vertraute Geschichte. Das ist einer von den vielen kleinen Gaunern, die am Unrecht Geld verdienen. Das ist der, der in Jericho am Zoll die Mitbürger übers Ohr gehauen hat. Der auf einen Maulbeerbaum klettert, als Jesus in die Stadt kommt. Jesus holt ihn – sehr zum allgemeinen Erstaunen – runter vom Baum und lädt sich ein bei ihm zum Essen. Die Mitbürger sind empört. Und Zachäus ist so überwältigt, daß er verspricht, alles wiedergutzumachen. Vierfach will er das zu unrecht Erworbene zurückgeben.

Ich möchte die Geschichte einfach weitererzählen. Denn mittendrin hört sie auf. Da, wo es spannend wird. Ich will vier kurze Versionen erzählen, wie die Geschichte weitergehen könnte.

Wir haben die Geschichte verlassen, als Zachäus den Schaden vierfach wiedergutzumachen versprach und Jesus sagte: Heute ist diesem Haus Heil widerfahren.

1. Version

Und als Jesus das alles geredet hatte, ging er nach Jerusalem. Zachäus aber wollte sein Versprechen wahrmachen und alles, was er unrechtmäßig genommen hatte, vierfach zurückgeben. Doch soviel Geld hatte er nicht. Und die Bank, zu der er ging, verlangte 13,5 % Zinsen. Da wandte sich die eigene Frau an den enttäuschten Zachäus und sagte: Siehst du!?

2. Version

Und als Jesus das alles geredet hatte, ging er nach Jerusalem. Zachäus aber machte sein Versprechen wahr und besuchte alle, die er betrogen hatte, und wollte ihnen ihr Geld vierfach zurückgeben. Doch keiner nahm sein Geld an. Sie nannten ihn Heuchler und Dieb, wenn sie ihm überhaupt die Tür öffneten. Einer nahm sein Geld und jagte ihn dann mit Fußtritten davon. Da wandte sich die eigene Frau an den enttäuschten Zachäus und sagte: Siehst du!?

3. Version

Und als Jesus das alles geredet hatte, ging er nach Jerusalem. Zachäus aber machte sein Versprechen wahr, besuchte alle, die er betrogen hatte, und gab ihnen ihr Geld vierfach zurück. Da herrschte große Freude in Jericho, denn alle hatten nun plötzlich zusätzliches Geld. Und Zachäus erzählte von Jesus und wie gut es tue, Unrecht wiedergutmachen zu können. Doch keiner hörte zu, denn alle waren sie schon unterwegs zu den Kaufhäusern und zu den Autogeschäften. Da wandte sich die eigene Frau an den enttäuschten Zachäus und sagte: Siehst du!?

4. Version

Und als Jesus das alles geredet hatte, ging er nach Jerusalem. Zachäus aber machte sein Versprechen wahr und besuchte alle, die er betrogen hatte, und gab ihnen ihr Geld vierfach zurück. Da herrschte große Freude in Jericho. Wenn ein Sünder sich bekehrt, dann feiern die Engel im Himmel ein Fest, sagten sie. Und sie feierten auch. Und alle priesen Gott über das Wunder, das geschehen war. Das Geld gaben sie zur Hälfte den Armen in Jericho. Zachäus selbst aber wurde ein gerechter und beliebter Mann, den alles Volk achtete und dessen Rat unter den Frommen gefragt war.

Und genau das ist der Punkt, daß sich diese vierte und letzte Version anhört wie ein Märchen. Und solange sich der Ausgang der Geschichte anhört wie ein Märchen, solange ist sie noch offen.

Vielleicht begegnet Ihnen morgen oder in der kommenden Woche Zachäus. Sie könnten dann mithelfen, daß die Geschichte ein gutes Ende bekommt. Ich erinnere mich, daß es für mich als Kind die schlimmste Strafe war, etwas nicht wiedergutmachen zu dürfen. Tun Sie das bitte niemandem an. Lassen Sie keinen auf seiner Vergangenheit sitzen.

Menschen fordern Zeichen

Zeichen haben Konjunktur, Symbole sind gefragt, ihre Deuter sind in allen Medien präsent. Haben sich die Worte verbraucht? Ist zuviel geredet und geschrieben worden?

Osterkerze, Taufkerze und Kreuzzeichen haben längst wieder Eingang in evangelische Gottesdienste gefunden. Jugendliche tragen Knöpfe und Anstecker, man zeigt wieder Fahnen, singt Hymnen. Regenbogen und Mandelzweig sind Zeichen, daß das Leben siegt...

Wie vielschichtig auch immer, vom oberflächlichen Markenzeichen auf den Einheitssportschuhen unserer Jugendlichen bis hin zum sensiblen und tiefen Deuten der Bilder in Träumen und Schriften – Menschen suchen Lebenszeichen gegen den Tod in seinen vielen Spielarten. All die apokalyptischen Visionen, die globalen Wunden der Erde, die Flüchtlingsströme, Naturkatastrophen und Kriege haben eine ebenso tiefe Verunsicherung hinterlassen wie die vom einzelnen nicht mehr zu überblickende, geschweige denn mitzubestimmende Entwicklung der Wissenschaften und ihrer Industrie.

Warum glaubt man den Worten immer weniger? Können Zeichen nicht auch trügen? Ist Mißbrauch der Symbole nicht genauso möglich? Und – was sind Worte anderes als Zeichen?

Unsere christliche Verkündigung trifft auf Menschen, die nach Zeichen suchen, offener jedenfalls und viel bereitwilliger als noch vor zwei Jahrzehnten im protestantischen Lager.

Der Wunsch nach Zeichen rührt an die tiefsten Stellen unserer Seele. Wir suchen Gewißheit, Vergewisserung, Hinweise auf Gottes Existenz. »Tu ein Zeichen an mir, daß du's gut mit mir meinst.« So bittet der Beter des Psalm 86. Tu ein Zeichen an mir, daß du es gut mit mir meinst, das bitten die Verunsicherten, die Jahre, Jahrzehnte warten und nun wissen wollen, daß sie – wenn auch auf Umwegen – die Richtung nicht verfehlt und den Lebensfaden nicht verloren haben.

Bilderkritik und Wunsch nach Zeichen halten sich im Alten wie im Neuen Testament die Waage. Gefährlich scheint es immer dort zu werden, wo Menschen Bilder zu Ersatzgöttern aufbauen, den einen Gott und mit ihm Leben begreifen, haben, bestimmen wollen. Nun ist das entscheidende Zeichen, an dem man uns Christen wohl am deutlichsten erkennt und das auch am deutlichsten uns unterscheidet von anderen Religionen, das Kreuz. Das ist nun allerdings ein schwaches Zeichen. Ein ohnmächtiges Zeichen. Es ist schwierig, bei diesem Zeichen standzuhalten und nicht zu Siegessäulen zu fliehen. Mehr und mehr Menschen wechseln die Fronten. Sie wollen nicht mehr zu den Verlierern gehören. Drei Tage der Verborgenheit Gottes sind auszuhalten. Und diese Tage werden lang und länger.

Es gab eine Zeit, so erzählt die Bibel, da stand als Zeichen des Lebens ein Baum im Paradiesgarten, und der Mensch war geschaffen als Bild Gottes. Heute steht ein Kreuz vor dem Garten als Erinnerung und Verheißung des Lebens. Gott hat die Fronten gewechselt, hat sich unter die Verlierer gemischt. Das war anfangs für die Christen nicht leicht. Die ersten Bilder zeigen Jesus als siegreichen Orpheus, der die Toten befreit, oder als guten Hirten, der ein Schaf auf dem Arm trägt. Das Kreuz hat sich erst langsam durchgesetzt. Sein Ärgernis ist denen, die fragen und suchen, immer noch bewußt. Der glatte Weg ist durchkreuzt. Jenseits von Eden führt für Gott und den Menschen ein Kreuzweg zum Leben. Ob dieses Bild konkurrenzfähig ist unter all den anderen Bildern?

Guten Morgen
am Samstag

Geht Gott ein anderes Volk segnen?

Wie gehen wir um mit der Durststrecke im eigenen Land? Liebe ist Fehlanzeige. Da gibt es das Geschäftsinteresse, das Eigenwohl, die nationalen und internationalen Hilfsappelle für vergewaltigte Frauen und flüchtende Kinder. Da gibt es das halbherzige Gebet für Frieden, den Sozialhilfesatz für die Armen. Da gibt es Wohngeldzuschuß, aber keinen, der die Mieten senkt. Da sind Caritas, Diakonie und Rotes Kreuz, aber keiner, der zwischen Jericho und Jerusalem die Räuberei abschaffte und den Grund für Räuberei. Da ist Freiheit, und sie wird mehr und mehr verwechselt mit Unabhänigigkeit. Nächstenliebe gegen Cash. Bar auf die Hand, und keine weiteren Verpflichtungen. Hinter den Fassaden Herzeleid. Auf den Bauplätzen verschuldete Eigentümer. In den Ehebetten Schweigen. Auf den Schulhöfen und Autobahnen Krieg. In den Sozialämtern Resignation. Bei den Wahlreden große Sprüche. In den Geldbeuteln Kleingeld.

In Krisen müssen Opfer gebracht werden. Davon reden alle. Was soll man tun, wenn es den Anschein hat: Gott geht jetzt ein anderes Volk segnen? Früher hat man Menschenopfer gebracht, um die Götter umzustimmen. Später opferte man Tiere und hoffte, daß der Brandgeruch Gottes Zorn besänftigte. Früher nahm man Kinder. Oder Tiere, die sich nicht wehren konnten. Die Situation ist heute eine andere. Aber ist es nicht so, daß auch heute wieder die Kleinen am ehesten geopfert werden?

Die Passionszeit ist auch eine unserer Fastenzeiten. So und so oft in der Bibel wird deutlich, welches Fasten Gott von seinem Volk erwartet. Nicht ein Fasten, das nur mir gilt. Gott erwartet, daß wir uns des Unrechts enthalten, daß Witwen, Waisen, Fremde zu ihrem Recht kommen. Das Recht unter den Menschen ist sozusagen Chefsache, es ist Gottes Sache selbst. Fasten heißt, wenn es um Rechte geht,

Gottes Willen tun und auf die Durchsetzung unseres Willens verzichten.

Die Passionszeit erinnert uns auf dramatische Weise daran, daß das einzig wesentliche Opfer längst gebracht ist. Sprachspiele wie: »jeder muß etwas opfern«, »jeder muß ein wenig bluten« oder ähnliche entstammen der religiösen Opfersprache. Wir machen damit unbewußt unseren Besitzstand, unseren Wohlstand zum Gott, der Menschenopfer fordert.

Wenn es eng wird, so lerne ich daraus, dann ist das nicht die Stunde des Opfers, sondern die Stunde der Gerechtigkeit.

Reisewelle

Urlaubsreisen haben Konjunktur, trotz der Rezession. Geplant, gebucht, verdient, erarbeitet.

Ich erinnere mich an ein Kind aus Mannheim, elf Jahre alt, Waldhof-Luzenberg. Es kannte einen Wald nur von Bildern. Pferde und Kühe kannte es nur vom Fernsehen. Elf Jahre, und nie aus dem eigenen Stadtteil in Mannheim rausgekommen.

Ich denke an die, die in Krankenhäusern liegen. Anfangs noch Blumen, aber auch das läßt nach. Später nur noch Wolken und Sonne durchs Fenster. Ein Tag wie der andere. Das Warten auf kühlenden Regen. Das Warten darauf, daß die da draußen an Preßlufthammer und Kreissäge endlich Feierabend machen.

Ich denke an Mütter, die jeden Pfennig herumdrehen, rechnen, sparen, hoffen, träumen, und es reicht doch nicht. Vielleicht für die Kinder, wenigstens für die Kinder.

Die Reisewelle rollt. Hauptsaison für Polizei, Abschleppdienst und ADAC. Verkehrstote und gebräunte Rückkehrer. Die einen haben nichts mehr, die anderen sehr viel zu erzählen.

Hochbetrieb in der Autobahnkirche in Baden-Baden. Ein Gebet für die gute Fahrt, eine Kerze für die Daheimgebliebenen.

Wir sind gut dran, wir Gesunden, wir mit Arbeit, wir mit Urlaubsgeld, wir Jungen, wir Touristen.

Und Gott?

Der sitzt auf dem Sozius, meinte einmal ein Kollege von mir. Er hatte eine Morgenandacht zu halten vor einem großen Motorradrennen auf dem Hockenheimring. Zigtausende im Motodrom und an der Strecke. Gott sitzt auf dem Sozius. Ich habe da meine Fragen.

Ich fürchte, er fährt in die Gegenrichtung. Und möchte, daß wir auch umkehren. Anhalten, nachdenken, umkehren.

Nicht auf den Urlaub verzichten. Aber uns den einen oder anderen Verzicht erlauben. Es werden immer mehr, auf deren Kosten, auf deren Rücken wir uns entspannen und unterhalten. Und ich möchte daran erinnern, daß dieser Gott, in dessen Kirche wir eine Kerze anzünden für den und jenen, daß dieser Gott sich zu den Opfern zählte und die Sieger mied.

Wer nimmt ihr ein Los ab?

Ich kenne einen faszinierenden jungen Mann. Er studiert in Heidelberg. Das heißt: Jetzt wieder, denn er war für ein halbes Jahr weg. Mit einem Freund zusammen reiste er durch halb Südamerika. Mit minimalster Ausrüstung, mal unter offenem Sternenhimmel, mal in einem Kloster, mal bei den Ärmsten der Armen übernachtete er, lernte auf diese Weise Menschen kennen aus dem Blickwinkel von unten, alles andere als touristisch. Seine Berichte, die er ab und zu in die Heimat schickte, waren eine Mischung aus Abenteuererzählung, Elendsreport und geistlicher Reifung.

In einem kurzen Text erzählt er von einer besonderen Begegnung:

»Irgendwann im August, ein kleiner Ort in Brasilien, nahe der argentinischen Grenze. Ich schlendere die Straße hinab zur Fähre über einen Strom. Ein kleines Mädchen in zerrissener Kleidung kommt auf mich zu. Ich verstehe ihr Portugiesisch nur schwer. Lose soll ich kaufen. Wie alt sie ist? – zwölf Jahre. Wie alt ich bin? – genau doppelt so alt. Ich schenke ihr das Geld für ein Los. Sie versteht nicht, warum ich dafür keines nehmen möchte. Wir gehen nebeneinander her. Sie erzählt von sich. Sieben Geschwister, Vater ist tot, Mutter liegt im Krankenhaus. Ich weiß nicht, was ich sagen soll. Sie fragt, ob ich noch ein Los kaufe. Hat sie mir alles nur erzählt, damit ich noch etwas kaufe? Ich bleibe hart. Sie läuft nebenher. Mein Geld reicht noch, um ihr ein weiteres Los zu bezahlen. Ich gebe ihr das Geld, nehme aber wieder kein Los. Sie hält es mir hin. Ich gebe es ihr zurück. Meine Fähre kommt. Ich drücke das kleine, schmutzige Mädchen kurz an mich, schaue sie an. Merke erst jetzt, wie hübsch ihr Gesicht ist. Aber ihre Augen sind stumpf. Zum Abschied winkt sie mit einem Los.

Ihren Namen habe ich vergessen. Die Begegnung nicht. Tage später denke ich noch daran, daß ich kein Los von ihr annahm, und was sie wohl dabei fühlte.

Für sie hat sich nichts geändert. Sie wartet immer noch, daß jemand ihr Los annimmt.«

Soweit der Text des jungen Mannes. Er hat es genau auf den Punkt gebracht: wie schwer es bei aller Liebe ist, daß einer das Los des anderen annimmt!

Der aufrechte Gang

Ich mag Geschichten. Bei der Flut von Geschichten, die in unseren Kirchen erzählt wurden, auch von mir selbst, habe ich mir – es ist schon länger her – ein absolutes Geschichtenverbot auferlegt für eine gewisse Zeit. Diese Geschichten gehen oft so glatt runter und sind so schön, auch so schön verständlich. Ich fürchte allerdings, mancher hat bei all den schönen Geschichten vergessen, daß es auch noch eine Bibel gibt. Aber ich will heute doch eine Geschichte erzählen. Ich habe sie aus einem Buch über afrikanische Stammesreligionen.

»Einst war der Himmel nahe bei der Erde. Gott wohnte bei den Menschen. So nahe war der Himmel, daß die Menschen sich nur gebückt bewegen konnten. Um ihren Unterhalt mußten sie sich keine Sorgen machen. Es genügte, die Hand auszustrecken, und man konnte Stücke vom Himmel zum Essen abbrechen.

Eines Tages begann... (eine) Häuptlingstochter die Erde zu betrachten, und statt daß sie Stücke des Himmelsgewölbes abbrach, um sich zu ernähren, nahm sie die Körner, die sie fand. Sie machte sich einen Mörser und einen Stampfer, um die Körner zu zerstampfen, die sie von der Erde aufgelesen hatte. Das Mädchen kniete beim Stampfen auf der Erde, doch wenn sie den Stampfer hochhob, stieß dieser gegen den Himmel und gegen Gott. Weil sie sich in ihrer Arbeit belästigt fühlte, sagte das Mädchen zum Himmel: Gott, kannst du dich nicht ein wenig entfernen?

Der Himmel entfernte sich ein wenig, und das junge Mädchen konnte sich mehr aufrichten. Sie setzte die Arbeit fort, und je länger sie die Körner zerstampfte, um so höher hob sie den Stampfer. Sie beschwerte sich ein zweites Mal bei dem Himmel: Der Himmel entfernte sich noch einmal ein wenig. Schließlich fing sie an, ihren Stampfer in die Luft zu heben. Bei der dritten Beschwerde zog sich der Himmel beleidigt zurück, dorthin, wo er jetzt ist.

Seit der Zeit gehen und stehen die Menschen aufrecht. Sie ernähren sich nicht mehr von Stücken des Himmels, sondern Hirse wurde ihre Nahrung. Zudem kommt Gott nicht mehr wie einst zu den Menschen, als er jeden Abend ihre Palaver leitete; jetzt sind die Menschen allein bei ihrem Palaver: das ist der Krieg.«[11]

Natürlich, das ist keine christliche Geschichte. Wir erzählen, daß Gott Mensch geworden ist, zu uns auf die Erde gekommen ist, damit wir aufrecht gehen können. Nicht weil er weg ist, sondern weil er da ist. Es gibt auch sonst noch erhebliche Unterschiede. Aber eines spüren auch wir auf der nördlichen Halbkugel dieser Erde: Die Autonomie des Menschen ist auch noch keine Garantie für ein halbwegs freies, gelingendes Leben für alle. Und, was mir fast noch wichtiger ist: Früher, so erzählt die Legende, früher leitete Gott die abendlichen Gespräche der Menschen. Ihre Palaver. Heute sind die Menschen allein. Auch bei uns. Und Palaver ohne Gott bedeutet Krieg.

Vielleicht kann wenigstens das ein wenig Ihren Tag begleiten, Ihre Gespräche heute: Palaver ohne Gott bedeutet Krieg. Ansonsten wünsche ich Ihnen von Herzen und guten Gewissens einen aufrechten Gang.

Mit Blasen an den Füßen

Mit Blasen an den Füßen geht man bewußter, habe ich bei Peter Horton gelesen. Zuerst schmunzelnd, dann nachdenklich: »Mit Blasen an den Füßen geht man bewußter.« Mit Wunden am Körper wird man vorsichtiger. Ja.

Wie ist das – sozusagen – mit den Blasen, die sich unsere Seele gelaufen hat?

Ich spüre bei mir: Wie an Händen und Füßen gibt es auch Schwielen und Hornhaut an der Seele. Ich muß Dickhäuter sein, damit ich überlebe. Darunter sind meinetwegen Narben, Enttäuschungen, eigenes Versagen, fremde Bosheit. Darüber muß eine dicke Haut wachsen, sonst kann ich mich nicht mehr frei unter Menschen bewegen. Angst, mir könnte einer zu nahe kommen. Die kleinen Nadelstiche, die Berührung offener Wunden machen Leib und Seele krank, beschneiden mein Leben.

Wohl dem, der an der richtigen Stelle ein dickes Fell hat und – ebenso an der richtigen Stelle – ein offenes Herz. An der richtigen Stelle!

Man kann nicht ein Leben lang mit Blasen an den Füßen gehen – ebensowenig mit offenen Wunden der Seele. Das hält kein Mensch aus. Er wird bewegungsunfähig. Hat aufgehört zu leben.

»Mit Blasen an den Füßen geht man bewußter.« Plötzlich geht uns dieser Satz ans »Eingemachte«. Gibt es doch unter uns sicherlich wesentlich mehr mit offenen Wunden der Seele als solche, die sich nur wegen einer Wasserblase etwas bewußter bewegen.

Wunden der Seele sind komplizierter und langwieriger. Vielleicht heilen sie sogar nie aus. Um so wichtiger, daß wir uns gegenseitig nicht andauernd neu verletzen. Wenn ich die Blöße, die wunde Stelle eines anderen kenne, habe ich zwei

Möglichkeiten: Ich kann die Blöße zu meinem Vorteil nützen oder zu seiner Schonung schützen.

Jeder – es wird nicht lange dauern – jeder von uns trifft auf die Blöße eines anderen. Und dann, spätestens dann, wird aus diesen Überlegungen eine alltägliche Entscheidung. Sie sollten den Menschen mit einer Blöße helfen, daß ihnen ein dickes Fell wächst, über die Blasen an den Füßen ebenso wie über die Wunden der Seele.

Religiöse Scham

Manchmal reizt es mich, junge Hochzeitspaare etwas durcheinander zu bringen. »Wie ist das bei Ihnen mit dem Intimsten? Reden Sie darüber, wie gehen Sie damit um?« Ich präzisiere dann aber, um sie nicht ganz in Verlegenheit zu stürzen, sehr schnell: »Nicht, daß Sie mich falsch verstehen, ich meine das – Gebet. Haben Sie schon einmal miteinander gebetet?«

Glauben Sie mir, liebe Leserinnen und Leser, das ist meist eine viel peinlichere Frage, als wenn ich zwei junge Menschen, die heiraten wollen, frage, ob sie schon miteinander geschlafen haben. Das würde ich so übrigens auch nicht tun.

Aber lassen wir die jungen Ehepaare. Wissen Sie von Ihrem Lebenspartner, ob und wann und was er betet? Beten Sie auch gemeinsam? Oder beten Sie abends im Bett, wenn das Licht aus ist und keiner mehr vom anderen sieht, was er tut?

Wir saßen in einem großen Kreis von Pfarrerinnen und Pfarrern zusammen. Einer unserer Kollegen hatte Beobachtungen mitgeteilt, die er über Jahre hinweg mit religiöser Scham gemacht hatte, bei sich selbst und anderen. Es ist eigenartig, man schämt sich seiner religiösen Empfindungen. Das gehört in den Intimbereich wie die Sexualität oder das Verhältnis zu Eltern und Geschwistern. Natürlich kann jeder problemlos über Gott und die Welt diskutieren. Darum geht es nicht. Aber seine religiösen Gefühle äußern, meinetwegen durch Gebet, durch Gottesdienstbesuch, durch entsprechende Lieder, das – »tut man nicht«. Was über das religiöse Brauchtum hinausgeht, das mehr ist als das, was jeder macht unter uns – Taufe, Konfirmation, Kirchenbesuch an Weihnachten – was sozusagen ein Bekenntnis von mir verlangt, mein religiöses Gefühl veröffentlicht, mich bloßstellt, das »tut man nicht«. Da, wo ich in ein »man« hineinschlüpfen kann –

man läßt sein Kind taufen –, da bin ich noch dabei. Wo aus dem »man« ein »ich« wird, beginnt die Schamgrenze.

Ich erlebe es bei vielen Beerdigungsgesprächen: Die Hinterbliebenen vermuten wohl so etwas wie eine religiöse Einstellung, er ist ja auch nie ausgetreten aus der Kirche, aber »man hat nie darüber geredet«. So kommt es, daß zwei Menschen, die vielleicht beide das gleiche Bedürfnis haben, Jahrzehnte nebeneinander leben, und keiner weiß es vom anderen. Scham. Religiöse Scham.

Es gibt ja auch so etwas wie eine religiöse Schamlosigkeit, ein penetrantes Zur-Schau-Stellen des eigenen Glaubens. Auch eine un-verschämte religiöse Geschwätzigkeit. Gegen diese Art der öffentlichen Zurschaustellung hat der Mann aus Nazareth empfohlen, man solle sich beim Gebet zurückziehen. Wenn aus einem religiösen Bekenntnis eine Gefühlssoße wird, dick aufgetragen, dann wird mir das auch peinlich. Aber das sind im Grunde wenige. Viel häufiger begegnen mir die anderen. »Herr Pfarrer, bitte denken Sie an mich!«, sagt sie, bevor ich ihr Krankenzimmer verlasse. Sie sagt nicht »Bitte beten Sie für mich«, sie sagt »Bitte denken Sie an mich«. Das ist auch in Ordnung. Ich muß die Schamgrenze meines Mitmenschen kennen und respektieren.

Wir hatten im Kreis der Pfarrerinnen und Pfarrer keine Lösung. Wir fühlten uns auch selbst betroffen. Denn was wir auf der Kanzel und im Gottesdienst tun, ist ja eine offizielle, anerkannte Rolle. Das ist nicht peinlich. Aber wir sind ja auch Privatmenschen, mit Ehepartner und Kindern. Und merken, da geht es uns ähnlich.

Es ist wahrscheinlich die Kunst gefordert, Situationen zu schaffen, in denen man sich seiner Liebe, seiner Trauer, seiner Schuld und seines Glaubens nicht zu schämen braucht. Das geht nur bei Menschen, denen ich vertraue.

Mit hinkender Hüfte ins Neuland

Er hatte seinen Vater auf dem Sterbebett noch übers Ohr gehauen, den eigenen Bruder gleich mit. Es ging ums Erben. Dann war nichts mehr rückgängig zu machen. Auch wenn der Vater schier verzweifelte und der Bruder platzte vor Wut. Es war besser, daß er sich verzog. Zwanzig Jahre war er weg. Im Ausland. Bei Verwandten. Seine Geschichte liest sich wie eine Story aus dem Betrugsdezernat. Sie kennen diesen Gauner. Sein Name sagt alles. Er heißt übersetzt: »der Hinterlistige«, Jakob.

Jakob aus der Bibel. Ein Gauner wie er im Buche steht. Aber er hat den Segen seines Vaters Isaak. Zwanzig Jahre im Ausland. Bei Laban, seinem Onkel. Nun ist Jakob mit seinen Frauen, den Kindern und seiner Herde zurück auf dem Weg in die Heimat. Und je näher er kommt, um so größer wird die Angst vor seinem Bruder. Ob er ihm verziehen hat, das von damals? Daß er ihn um das Erbe und um den Segen des Vaters betrogen hat? Wenn ihm eines in den Jahren immer wieder Mut gemacht hat, bei all den Schlägen, die er einstekken mußte, dann war es dieser Segen.

Es wird Nacht. Kurz vor der Grenze. Jetzt kann er nicht mehr zurück. Mit 400 Mann kommt ihm sein Bruder entgegen. Was will er? Mit 400 Mann! Jakob hat Angst.

Es ist Nacht. Und da wird er von einem Mann überfallen. Kein Laut. Ein langer, schweigsamer Kampf auf Leben und Tod. Es ist Gott, der mit ihm ringt. Und als der Morgen graut, gibt es keinen Sieger. Jakob ist an der Hüfte verletzt. Doch er hält Gott fest und sagt: »Ich lasse dich nicht, es sei denn, du segnest mich.«

Die Bibel schließt die Geschichte: »Und er segnete ihn daselbst. Und Jakob nannte die Stätte Pnuel, das bedeutet ›Angesicht Gottes‹. Und als Jakob an Pnuel vorbeikam, ging gerade die Sonne auf. Er aber hinkte mit der Hüfte.«

Er ist gesegnet. Er sieht das Licht des neuen Tages. Aber er ist kein strahlender Held. Er ist fertig. Er ist angeschlagen. Er hinkt. Er ist gezeichnet von dieser Begegnung mit Gott. Aber er sieht die Sonne des neuen Tages.

Segen ist nicht die Erfolgsgarantie für Gesundheit, Reichtum, Erfolg. Segen ist die viel wertvollere Ermöglichung der Begegnung mit Gott. Das ist etwas, was nicht endet mit Inflation, Krieg oder Tod. Das ist etwas, das mir alles offenhält, alle Optionen, wie man so schön sagt, alle Wünsche. Die Wünsche der vielen Angeschlagenen unter uns, der vielen Verletzten, der vielen, die durchs Leben hinken.

»Du sollst nicht mehr Jakob heißen, sondern Israel.« Nicht mehr »der Hinterlistige«, sondern »Gott möge herrschen«. Jakob bekommt einen neuen Namen. Eine neue Lebensmöglichkeit. Hinkend, verletzt von der Begegnung mit Gott, geht er in den neuen Tag. Mit einem neuen Namen. Mit einer neuen Lebensmöglichkeit. Und als Bruder und Bruder sich nach zwanzig Jahren gegenüberstehen, umarmen sie sich.

Wir tragen Spuren der Begegnung mit Gott. Lachfalten und Sorgenfalten. Auch wir sind angeschlagen. Aber auch wir tragen einen neuen Namen. Den Namen Christi. Auf uns liegt der Segen Gottes. Gesegnet von der Begegnung mit Gott erwarten wir den neuen Tag. Einen neuen Himmel und eine neue Erde. Gesegnet werden, das heißt mit den wunderbaren Worten des Evangelisten Johannes: Seinen Durst löschen von der Quelle des lebendigen Wassers – umsonst.

Mit dem Zelt unterwegs

Kurz vor Schulferienbeginn habe ich im Gottesdienst in der Kirche ein Zelt aufgebaut. Von den vielen Geschichten erzählt, die in der Bibel mit Zelten zu tun haben. Selbst von Jesus heißt es im Johannesevangelium: »Das Wort ward Fleisch und schlug sein Zelt auf mitten unter uns.« »Und am Ende der Zeit«, so lesen wir im Buch der Offenbarung, »baut Gott eine Hütte, sein Zelt unter den Menschen und wird so bei ihnen wohnen.«

Wir stehen ja eigentlich kirchlich in einer ganz anderen Tradition: Große, feste Steinbauten, unverrückbare Altäre, Orgeln für die Ewigkeit, Türme als Wahrzeichen, meterdicke Mauern. Das ist eher die Tradition des Tempels, nicht die des Zeltes.

Ein Zelt kann ich hier aufschlagen und dort. Die Nomaden folgen damit dem lebenswichtigen Regen, wechseln Weideplätze. Die Kirche als Zelt, das ist das Bild einer beweglichen Kirche, die nicht wartet, bis alle zu ihr kommen, die aufbruchbereit ist dahin, wo Gott sie braucht, vom Heiligen Geist bewegt, stets unterwegs zum Leben.

Ein Zelt ist leicht. Handlich. Man kann es tragen, mitnehmen. Hat damit, wo immer man hinkommt, ein – wenn auch kleines – Dach über dem Kopf. Von Jesus wird erzählt, er habe nicht einmal wie Füchse und Vögel etwas gehabt, wo er sein Haupt hinlegen konnte. Und seine Jünger sendet er aus zum Predigtdienst ohne Geld, ohne Tasche, ohne Schuhe und Stecken, in der Erwartung, daß die sie versorgen, denen sie predigen. Die Kirche als Zelt ist das Bild einer Kirche ohne großen Ballast. Eine materiell und von der Ausstattung her arme Kirche. Sie lebt von den Menschen. Und ist vielleicht gerade deshalb brennend an den Menschen interessiert, zu denen sie geschickt ist.

Wer zeltet, macht sich angreifbar. Da hört man jeden Ton,

riecht und sieht eben viel mehr als sonst üblich. Wer zeltet, will nicht in erster Linie seine Ruhe haben und unbeobachtet bleiben. Die Kirche als Zelt ist das Bild einer Kirche, die ganz nah, hautnah mit den Menschen lebt. Die keine Berührungsängste und keine Geheimnisse hat.

Aber das Zelt hat auch seine negativen Seiten. Es ist einfach nicht stabil genug, nicht von Dauer. Zeichen für Vergänglichkeit. Der Prophet Hesekiel klagt auf dem Krankenlager: »Mein Haus wird abgetragen, man rollt's zusammen wie ein Hirtenzelt.« Das Zelt als Bild für unser Leben ist ein ehrliches Bild. Aufbauen, kurze Zeit bewohnen, abschlagen. Und doch ist es voll Hoffnung. Denn in dem abgeschlagenen Zelt bewahrt sich die Chance, eines Tages wieder einen neuen Zeltplatz zu finden und mit ihm ein Zuhause.

Wenn am Ende der Tage Gott selbst in einer Hütte, in einem Zelt mitten unter uns wohnt, dann ist alles Herrliche, alles Trennende gefallen. Ein neuer Himmel und eine neue Erde, wo Gott und Mensch Zelt an Zelt, Tür an Tür wohnen, so nah, daß Gott Tränen abwischt von den Gesichtern der Weinenden. Das wäre ein Ort, an dem ich auch gerne mein Zelt auf Dauer aufschlagen würde. Ohne Angst vor Sturm oder Tod. In der Nachbarschaft Gottes. Und manchmal drängt sich trotz aller Not und allen Unrechts der Eindruck auf, als ob er schon eingezogen sei und wir nur neben den vielen Prachtbauten sein bescheidenes Zelt übersehen.

Brief an meine Konfirmanden

In jedem Frühjahr stehen sie wieder verlegen und steif in Anzügen, die nicht passen, Hemden, die kneifen, Krawatten, die zuschnüren, und mit Frisuren für 60 Mark vor dem Altar und sagen »Ja«. Bei den Evangelischen ist wieder Konfirmation. Vor wenigen Jahren waren es noch 45, neuerdings sind es noch 19 in meiner Gemeinde. Schuld daran ist der Pillenknick.

Ich werde meinen Konfirmanden am Sonntag einen Brief in die Hand drücken. Für die meisten auf geraume Zeit ein Abschiedsbrief. Er wird ungefähr so lauten:

»Liebe Freunde!

Ich wünsche Euch zuerst einmal einen herrlichen Tag, an dem Ihr auch nach dem Mittagessen noch die Hauptperson bleibt.

Ich wünsche Euch, daß nur wenige Geschenke Fehlgriffe sind. Hoffentlich gehört Ihr nicht zu den traurigen Zeitgenossen, die alles schon haben und denen man mit nichts mehr eine Freude machen kann.

Ich wünsche Euch Eltern, die Euch so sehr lieb haben, daß sie Euch nicht an sich binden, aber auch nicht fallenlassen bei den Dummheiten, die Ihr ganz bestimmt in den nächsten Jahren machen werdet.

Ich wünsche Euch viel Spaß bei Hobbys, im Sport, in der Tanzstunde. Nur: Bitte zieht für ein, zwei Minuten den Walkman aus den Lauschern, wenn Ihr mir begegnet.

Ich wünsche Euch einen Beruf, den Ihr wirklich wählt. Der Euren Gaben entspricht und Eure Phantasie nicht totschlägt. Laßt Euch die Freizeit nicht vermarkten. Ihr habt doch hoffentlich noch eigene Einfälle.

Ich wünsche Euch, daß aus Euch und Euren Kindern niemals Kanonenfutter wird. Daß Ihr nie nach der Pfeife von Führern tanzen und Angst vor Nachbarn haben müßt. Daß die, die an Eure Türen und Fenster klopfen, Euch immer wohlgesonnen sind.

Ich wünsche Euch, daß Ihr auch einmal erfahrt, wie das an den Nerven reibt, wenn eine Bande von 20 Jugendlichen in einem Raum sich ganz normal und ihren Bedürfnissen entsprechend benimmt. Gleichzeitig möge dann der Videorecorder versagen, das Telefon klingeln und die Handwerker kommen. Wenn dann noch einer fragt: Darf ich heute früher gehen? – dann denkt an manche erhebende Stunde Eures Konfirmandenunterrichts.

Ich wünsche Euch, daß Ihr mit Euch selbst einverstanden werdet. Daß Ihr nicht immer andere nachmachen müßt, um Euch zu gefallen. Gott hat es dann auf der Suche nach Euch leichter und gerät nicht an eine Kopie, sondern an Euer Original. Überhaupt wünsche ich Euch, daß Jesus Christus nicht Unterrichtsstoff war, den Ihr jetzt abhakt, sondern Wegbegleiter wird, bei dem Ihr Euch einhängt.

Ich wünsche Euch, daß Ihr selbst mal mit Euren eigenen Fingern an Türklinken faßt, die mit Zahncreme verschmiert sind. Ich wünsche Euch von ganzem Herzen, daß Ihr in die Kaugummis tappt, die Ihr unter unsere Tische geklebt habt.

Einigen von den Jungs wünsche ich den Stimmbruch, und denen, die ihn schon haben, würde ich heiße Kamillendämpfe empfehlen.

Ich wünsche Euch, daß Ihr in die Gemeinde der Christen hineinwachst, nicht wie ein Fremdkörper, sondern als wichtiges Organ. Nimm einem Menschen drei Viertel seiner Organe und Glieder, und du wirst dieses Wesen nicht mehr erkennen. So ist es auch mit einer Gemeinde.

Ich wünsche Euch eine Gemeinde, die ihren lebendigen Herrn niemals versteckt, sondern immer bekennt, auch wenn die Zeit nicht gerade danach ist. Ich hoffe, Ihr findet meine Telefonnummer, wenn Ihr sie braucht. Ich habe Zeit für Euch.

Ich wünsche Euch, daß Ihr später, wenn Ihr dann mal wie alle auf die Kirchensteuer schimpft, Euch Eures damaligen Pfarrers erinnert, der schließlich auch bezahlt sein will. Und der, mit dem ich mal geschimpft habe, möge im Augenblick des Erinnerns nicht aus lauter Zorn aus der Kirche austreten, sondern mir verzeihen, so wie ich Euch die Zahncreme, die Kommentare und die Kaugummis verziehen habe.«

Und was bringt Matthias mit?

Matthias ist elf. Fünfte Klasse Realschule. Ein feiner, quirliger Kerl. Mannschaftskapitän in seiner Handballmannschaft. Und sonntags kommt er zu uns in den Kindergottesdienst. Nun haben wir vor Wochen eine Kassette eigener Lieder aufgenommen, eben mit diesen Kindergottesdienstkindern. Es war grausam. Es war absolut grausam: Bei der ersten Probe sang jemand falsch. Es war Matthias. Nun, ich sagte zu ihm: »Du Matthias, es hat wirklich keinen Sinn. Aber ich verspreche dir, du bekommst dafür eine wichtige Rolle beim Weihnachtsspiel.« Ich schreibe jedes Jahr ein neues Spiel für unsere Kinder, und da konnte ich ihn gut unterbringen. »Was würdest du gerne spielen?« fragte ich ihn. Und dachte an Josef oder einen Hirten, einen König. »Was spielst du am liebsten beim Weihnachtsspiel?«

»Handball!« Stellen Sie sich vor, Handball! Und ich hatte es ihm versprochen. Da stand ich und war einen Augenblick sprachlos. Ein Handballer im Stall von Bethlehem?

Ja, ich habe so ein Weihnachtsspiel geschrieben. Es hieß: »Und was bringt Matthias mit?« Hunderten hat es Freude gemacht. Und Matthias durfte Handball spielen, andere basteln oder singen. Jedenfalls war Stimmung im Stall.

Ich bin froh, daß mir das noch eingefallen ist. Versprechen sollte man halten, insbesondere als Erwachsener einem Kind gegenüber. »Morgen habe ich Zeit für dich!« Und dann kommt wieder etwas dazwischen. »Aber am Wochenende baue ich mit dir die Eisenbahn auf.« Und dann steht Besuch vor der Tür.

Eines unserer eigenen Kinder, so alt wie Matthias, hat auf seinen weihnachtlichen Wunschzettel geschrieben: »Daß mein Papa mehr Zeit für mich hat.« Und wie oft habe ich ihm das schon versprochen. Irgendwann schreiben sie es dann nicht mehr auf den Wunschzettel. Irgendwann erfahren wir es nicht mehr. Irgendwann ist es dann zu spät.

Ein zweites habe ich beim Schreiben dieses etwas unge-
wöhnlichen Weihnachtsspiels gelernt: Es muß tatsächlich
nicht Gold, Weihrauch und Myrrhe sein, nicht die fromme
Anbetung der Könige. Das schönste Geschenk wäre unser
Alltag. Das, was wir können. Handball spielen eben, wie Matthias. Das kann er. Singen kann er nicht. Es sind nicht die
ganz besonderen, die herausragenden und bestaunten Gaben. Stellen Sie sich vor: nur Gold im Stall, nur Gold! Nur
Theologen und Oberkirchenräte in der Kirche – furchtbar!
Nur Juristen in unseren Ältestenkreisen. Nur Politiker bei unseren Gemeindeversammlungen. Nur Schauspieler bei unseren Krippenspielen. Nur Psychologen an Krankenbetten.
Nein, wir gehören dazu, als Matthias, als Simon, als Gerhard,
Elfriede und Heike. Jeder mit seinen Gaben. Die bringen wir
mit. Ein breites, buntes Spektrum. Wenn wir unsere Gaben
nicht mitbringen, dann fehlen in der Geschichte die Engel.

Übrigens, ich hatte beim Weihnachtsspiel extra eine Lied-
strophe für Matthias eingebaut. Daß man auch merkt: Der
kann wirklich nicht singen. »Ich hab' in der Schul' in Musik eine Vier – komm ja nicht mit Geige, Gesang und Klavier!«
Was haben wir miteinander gelacht bei den Proben. Aber
Heiligabend hat er gesungen wie eine Eins. Kein falscher
Ton!

Er bewahrt sich eben seine versteckten Gaben auf bis zum
entscheidenden Augenblick. Bis Heiligabend. Oder bis zum
Siebenmeter beim Handball. Bis zum richtigen Zeitpunkt
warten können, das ist auch eine Gabe.

Desiderata

Es gibt Texte, die der Seele guttun. Die allein beim Vorlesen beruhigen und dem Gehetzten eine Atempause schenken. Natürlich gibt es solche Texte auch außerhalb der Bibel. Es gibt sie in Liedern, in der Lyrik, denken Sie nur an Rilkes Gedichte, an Paul Gerhardts Lieder. Denken Sie an Bonhoeffers Gedicht »Von guten Mächten«, oder denken Sie an Luthers Morgen- und Abendsegen, an St. Exupérys »Kleinen Prinzen« oder an einen alten irischen Segen. Es ist ein Schatz, daß wir über unsere Heiligen Schriften hinaus solche Texte haben, in denen es Menschen gelungen ist – vielleicht ohne daß ihnen das bewußt war – in die Tiefe des Lebens zu dringen und Worte zu finden, die Türen in unser Inneres öffnen.

Am Portal der alten St.-Pauls-Kirche von Baltimore steht so ein Text. Die Worte stammen aus dem 17. Jahrhundert. Und sie tun uns heute noch gut. Was uns allen so fehlt, hat dieser alte Text:

»Geh deinen Weg ruhig, mitten in Eile und Hast. Erinnere dich, welch ein Frieden in der Stille ruht. Soweit es dir möglich ist, ohne dich selbst aufzugeben, suche ein gutes Auskommen mit allen Menschen. Äußere deine Wahrheit ruhig und klar. Höre anderen zu. Selbst wenn sie sich aufspielen oder wenig wissen, auch sie haben ihre Geschichte. Meide laute und aggressive Menschen, sie quälen den Geist. Wenn du dich vergleichst mit anderen, wirst du eitel oder bitter, denn immer gibt es größere oder geringere Menschen als dich selbst. Sei auf deine Pläne ebenso stolz wie auf das, was du erreicht hast. Sei interessiert an deinem Beruf. Auch wenn er bescheiden ist, er ist ein wirklicher Besitz im wechselhaften Glück der Zeit. Übe Vorsicht bei deinen Geschäften, denn die Welt ist voller Betrug. Aber werde bei all dem nicht blind für die Rechtschaffenheit, die es gibt.

Viele Menschen streben nach hohen Zielen, und überall strotzt das Leben vor Heldenmut. Sei du selbst. Vor allem: Weder heuchle Zuneigung, noch sei zynisch mit der Liebe, denn selbst angesichts aller Öde und aller Ernüchterung, sie ist so beständig wie das Gras.

Schicke dich in den Ratschluß der Jahre, und laß die Dinge der Jugend taktvoll los. Nähre die Kraft deines Geistes, daß sie dich schützt bei plötzlichem Unglück. Aber quäle dich nicht mit Einbildungen, viele Ängste sind Folgen der Müdigkeit und Einsamkeit. Bei aller heilsamen Selbstzucht, meine es gut mit dir selbst.

Du bist ein Kind des Universums. Nicht weniger als die Bäume und die Sterne hast du ein Recht, hier zu sein. Und ob du dir klar wirst darüber oder nicht: Das Universum entfaltet sich zweifellos so, wie es werden soll.

Darum werde ruhig in Gott, wie immer du ihn dir auch vorstellst, wofür immer du dich mühst und wonach immer du dich auch sehnst im lärmenden Durcheinander des Lebens. Lebe in Frieden mit deiner Seele.

Mit all ihrer Lüge, der Plackerei und den zerbrochenen Träumen ist es noch immer eine wunderschöne Welt. Sei vorsichtig. Ringe darum, glücklich zu sein.«

Guten Morgen am Sonntag

Die Auferstehungsgeschichte hat begonnen

Es ist noch nicht so lange her, da träumte ich einen eigenartigen Traum. Ich hatte ein Gespräch mit Gott – wie und wo weiß ich nicht mehr –, und die entscheidende Frage, die mich bei dem Gespräch bewegte, war: Warum müssen Menschen eigentlich sterben? Warum ist das Leben begrenzt? Und Gott war eben dabei, mir die Antwort zu geben, da weckte mich meine Frau.

Ich habe mir diesen Traum aufgeschrieben, und als Kommentar darunter: So wird es wohl immer sein. Kurz vor der Lösung dieser Frage aller Fragen werden wir aus dem Traum gerissen, zurückgeholt in die Alltagsebene unserer Wirklichkeit. Und doch bleibt diese Frage die alles entscheidende Frage, selbst wenn es so sein soll, daß wir keine Antwort erhalten.

Die Menschen erwarten von den Religionen, damit auch vom christlichen Glauben, zuallererst und im tiefsten Ernst eine Antwort auf den Tod. Der Tod ist nicht die Antwort, darf nicht die Antwort sein, sagen die Menschen. Es gibt die wunderbaren Utopien des Alten Testaments von gelingendem Leben, sich erfüllenden Hoffnungen. Ich will nur erinnern an die zutiefst menschlichen, wahrscheinlich allen Menschen in irgendeiner Form eigenen Bilder, die uns bei Jesaja überliefert sind:

»Es kommt eine Zeit, in der ihr das auch essen werdet, was ihr pflanzt; in der ihr in den Häusern wohnt, die ihr baut; in der keine Kinder einen frühen Tod sterben.«

»Es kommt eine Zeit, in der wilde und zahme Tiere in Frieden beieinanderleben; in der Friede herrscht zwischen Tier und Mensch« – heute würden wir sagen, zwischen dem Menschen und der ganzen nichtmenschlichen Schöpfung.

»Es kommt eine Zeit, in der kein Leid und kein Geschrei mehr ist, Tränen abgewischt werden, in der kein Blut mehr fließt und keine Soldatenstiefel mehr dröhnen.«

Das sind einige Verse aus Jesaja. Das sind einige Utopien, die uns aus der Geschichte des jüdischen Glaubens, und nicht nur von dort, überliefert sind. Utopien. U-topos ist griechisch und meint etwas, was noch keinen Ort, noch keine Gestalt hat. Diese tiefen Menschheitsträume eines gelingenden, sich erfüllenden und durch nichts bedrohten Lebens haben noch keinen Ort. Sind Utopie. Ich kann nicht hierhin zeigen oder dorthin und sagen: Das ist das Paradies, hier findest du den »real existierenden Frieden«. Das ist Utopie. Das ist noch »Wahrheit von weitem gesehen« (Paul Zulehner).

Wir Christen glauben: Mit der Auferstehung Jesu ist das letzte Kapitel der Antwort auf den Tod geschrieben. Die Hoffnung bekommt nun einen Ort, hat eine Gestalt, ist keine Utopie mehr. Ist nicht mehr »Wahrheit von weitem gesehen«. Wir Christen sagen am Ostermorgen der Welt nicht mehr und nicht weniger als dies: Eure Träume sind erfüllt. Eure Hoffnungen haben Hand und Fuß. Gott hat Jesus aus Nazareth auferweckt, mehr noch: Mit Jesus Christus ist die Auferstehungsgeschichte aller eröffnet.

Am Ostermorgen, an jedem Sonntag, beginnt deshalb mit Recht eine neue Zeit. In der wir teilen können ohne Angst, zu kurz zu kommen. In der wir warten können ohne Angst, zu versäumen. In der wir Frieden schaffen können ohne Angst vor der Blöße. In der wir lieben können ohne Angst, zu verlieren. In der wir leben können ohne Angst vor dem Tod. Jeder von Ihnen ist ein Teil dieser großen Auferstehungsgeschichte.

Wider die Vierteilung

Es gibt Tage, da stehe ich fast so müde auf, wie ich mich abends zuvor ins Bett gelegt habe. Es fehlt mir die Ruhe. Und deshalb bin ich müde, möchte am liebsten weg, nichts mehr hören und sehen. Von Jesus wird berichtet, daß auch er – wie wir – ab und zu seine Ruhe haben wollte. Weg vom Trubel. Er ist ein Mensch, der Schlaf braucht. Der nicht ein Wunder nach dem anderen vollbringt, predigt und zuhört, heilt und dient am laufenden Band. Manchmal geht er auf einen Berg oder in die Wüste. Er sammelt sich wieder. Sammelt die Eindrücke des Tages. Er sammelt das, was seine Augen gesehen, seine Ohren gehört haben, was er gesprochen, gedacht und getan hat, und bringt es vor seinen Vater. Er sammelt sich. Er kommt zu sich. Körper, Geist und Seele werden wieder eins.

Der eine will dein Geld, der andere deine Arbeitskraft, der dritte deine Unterschrift und der vierte fünf Minuten dein Ohr, der nächste einen Rat. Hier zieht einer an dir, dort reißt ein anderer. Hier dein Ohr, dort die Augen, da die Hände – nach Stunden bist du zerrissen, kaputt. Nichts will mehr gelingen. Nichts macht mehr Freude. Andere Menschen gehen mir auf die Nerven, werden mir einfach zuviel.

Ich muß mich erst wieder sammeln, mich wieder richtiggehend zusammensuchen. Ich will wieder eins werden mit mir. Ich brauche solche Stunden oder Tage. Der Schlaf oder der Urlaub können sie nicht ersetzen. Ich brauche das, um nachher wieder unter Menschen gehen zu können, arbeiten zu können mit neuer Kraft, neuen Gedanken, neuer Phantasie, neuem Glauben. Ich verhungere innerlich, wenn ich mir gerade diese Zeit für mich nicht nehme. Aber das ist gar nicht so einfach. Dazu gehören auch immer die anderen. Sie müssen mir auch die Zeit lassen. Da sind wir oft gnadenlos. Tagelang nehmen unsere vier Kinder meine Frau in Beschlag. Sie findet weder Zeit noch Ruhe für sich selbst. Und dann bin ich auch noch da und das Telefon und die Leute an der Haustür. Diese und jene Verpflichtung. Ich kenne viele, denen es so geht. Keine Zeit, sich zu sammeln, das Auseinandergerissene wieder zusammenzuflicken. Oder von Gott zusammenflicken zu lassen. Wenn ich nicht eins mit mir bin, kann ich nicht als ganzer Mensch da sein.

Ja und Amen zu allem sagen, ist keine christliche Tugend. Irgend etwas muß da im Lauf der Jahrhunderte schiefgelaufen sein. Wer sich für die Allgemeinheit opfert, keine Rücksicht nimmt auf seine Gesundheit, immer für die Kirche, für andere da ist, an sich selbst zuletzt denkt – den loben wir hoch. Er erhält ab einem gewissen Alter – wenn er's erreicht – kirchliche und andere Verdienstmedaillen, hochtrabende Dankesbriefe und ehrende Nachrufe. Als ob das eine besondere Tugend wäre. Die Frau, die fast eine Stunde betet am Tag für andere, die fällt schon nicht mehr unter die öffentlich zu ehrende Kategorie. Und der, der uns sagt: Ich habe jetzt keine Zeit, oder der, der das Telefon nicht abnimmt, dafür mit seinen Kindern spielt, oder der, der mir offen sagt, laß mich damit bitte in Ruhe – der ist Egoist?

Ich brauche das Recht, nein zu sagen, um nachher auch ja sagen zu können. Zu beidem brauche ich Zeit. Zeit für mich. Zeit für andere. Hören wir auf, uns gegenseitig die Zeit zu stehlen.

Wenn ich um mich schaue, dann braucht diese Welt ganze Menschen. Menschen, die nicht zerrissen sind. Menschen, die mit sich eins sind. Die Vierteilung war eine Hinrichtungsmethode, sie ist keine christliche Tugend.

Geduld

Unsere kleine Tochter hat mich vor wenigen Wochen überrascht mit der lapidaren Feststellung: »Im April werde ich vier und dann bin ich Mama.« »Hoppla«, sagte ich, »das geht so schnell?« »Da bin ich doch schon ganz groß«, sagt sie.

Unsereiner müht sich recht und schlecht mit seiner Midlife-Krise, würde gerne hier und dort nochmal neu anfangen, etwas anders machen, und sie wird mit vier Mama.

Aber so ein wenig hält sich das doch auch bei uns Erwachsenen. Das, worauf wir uns freuen, können auch wir manchmal nicht erwarten. Alexander Spoerl erzählt eine wunderschöne Geschichte:

»Es war einmal ein junger Bauer, der wollte seine Liebste treffen. Er war ein ungeduldiger Gesell und viel zu früh gekommen. Und verstand sich schlecht aufs Warten. Er sah nicht den Sonnenschein, nicht den Frühling und die Pracht der Blumen. Ungeduldig warf er sich unter einen Baum und haderte mit sich und der Welt.

Da stand plötzlich ein graues Männlein vor ihm und sagte: ›Ich weiß, wo dich der Schuh drückt. Nimm diesen Knopf und nähe ihn an dein Wams. Und wenn du auf etwas wartest und dir die Zeit zu langsam geht, dann brauchst du nur den Knopf nach rechts zu drehen, und du springst über die Zeit hinweg bis dahin, wo du willst.‹

Das war so recht nach des jungen Burschen Geschmack. Er nahm den Zauberknopf und machte einen Versuch und drehte: Und schon stand die Liebste vor ihm und lachte ihn an. ›Das ist schön und gut‹, dachte er, ›aber mir wäre lieber, wenn schon Hochzeit wäre‹.

Er dreht abermals: Und saß mit ihr beim Hochzeitsschmaus, und Flöten und Geigen klangen um ihn. Da sah er seiner Frau in die Augen: ›Wenn wir doch schon allein wären‹.

Wieder drehte er heimlich, und da war tiefe Nacht und sein Wunsch erfüllt. Und dann sprach er über seine Pläne. ›Wenn unser neues Haus erst fertig ist‹ – und drehte von neuem an dem Knopf:

Da war Sommer, und das Haus stand breit und leer und nahm ihn auf. ›Jetzt fehlen uns noch die Kinder‹, sagte er, und konnte es wiederum nicht erwarten. Und drehte schnell den Knopf:

Da war er älter und hatte seine Buben auf den Knien und Neues im Sinn und konnte es nicht erwarten.

Und drehte, drehte, daß das Leben an ihm vorübersprang, und ehe er sich's versah, war er ein alter Mann und lag auf dem Sterbebett. Nun hatte er nichts mehr zu drehen und blickte hinter sich. Und merkte, daß er schlecht gewirtschaftet hatte. Er wollte sich das Warten ersparen und nur die Erfüllung genießen, wie man Rosinen aus einem Napfkuchen nascht.

Nun, da sein Leben verrauscht war, erkannte er, daß auch das Warten des Lebens wert ist und erst die Erfüllung würzt. Was gäbe er darum, wenn er die Zeit ein wenig rückwärts schrauben könnte! Zitternd versuchte er, den Knopf nach links zu drehen.

Da tat es einen Ruck, er wachte auf und lag noch immer unter dem blühenden Baum und wartete auf seine Liebste. Aber jetzt hatte er das Warten gelernt. Alle Hast und Ungeduld war von ihm gewichen; er schaute gelassen in den Himmel, hörte den Vöglein zu und spielte mit den Käfern im Gras. Und freute sich des Wartens.«[12]

Eine Ehe, eine Familie, eine Gesellschaft, in der nicht mehr einer auf den anderen warten will, gehen zugrunde. Wir müssen wieder warten lernen: die Erwachsenen auf die Kinder, die Gesunden auf die Kranken, die Fortschrittlichen auf die Konservativen, die Jungen auf die Alten.

Seit Jahren drehen wir in einem kollektiven Anfall von Größenwahn immer hektischer an den Zauberknöpfen, können nicht erwarten, bis wir dies und jenes haben, rasen uns

und andere wegen zehn Minuten Zeitgewinn auf der Autobahn zu Tode, immer hektischer, immer mehr unter Dampf,
wie die kleinen Kinder besessen von der Angst, wir könnten
etwas verpassen.

Als wollten wir die Zeit überholen. Vielleicht könnte dies
Ihre Einübung in Geduld in dieser Woche sein, daß Sie auf
solche und ähnliche tödlichen Überholmanöver verzichten.

Die alte Frau und das Abendmahl

Es ist schon Jahre her, da wurde ich einmal zu einer sterbenden Frau gerufen. Sie hatte eine schwere Krankheit, lag sehr schwach schon im Bett. Wir sprachen lange miteinander. Sie wünschte, noch einmal Abendmahl zu feiern.

Wenige Tage später besuchte ich sie wieder, mit Wein und Brot. Die Familie war versammelt. Diese Familie war überhaupt etwas ganz Besonderes, sie pflegte und betreute die Frau vorbildlich, auch seelsorgerlich.

Wir feierten ein letztes Mal Abendmahl, ich segnete die Frau. Wir hatten abgesprochen, daß sich die Familie mit mir in Verbindung setzt, wenn ich gebraucht würde.

Vielleicht drei Wochen später klingelt es an der Pfarramtstür. Diese Frau stand davor. Eigentlich hatte ich tagtäglich mit der Nachricht gerechnet, daß sie gestorben sei. Ja, die Ärzte sprächen von einem Wunder, sagt sie. Sie aber wüßte genau, das seien das Abendmahl und der Segen gewesen. Ich war gar nicht in der Lage, etwas zu reden, mir hatte es die Sprache verschlagen. Damit hatte ich kleingläubiger Pfarrer nicht gerechnet! Ich hatte eine sterbende Frau zurückgelassen, und nun stand sie leibhaftig vor mir.

Ich weiß nicht, wieviel Zeit ihr noch geschenkt war, vielleicht ein halbes Jahr oder etwas mehr. Vielleicht war das nicht einmal so entscheidend, wie lange noch. Wenn jemand verstanden hat, daß es eine heilende Kraft gibt außerhalb meiner Kräfte, wenn jemand das am eigenen Leib gespürt hat, die Kraft des Gebets, die Kraft des Glaubens, dann ist die Frage »wie lange noch?« nicht mehr so wesentlich. Weil dann die Tür längst geöffnet ist durch die Mauer um unser Leben. Weil dieser Mensch dann spürt, Gott ist nicht nur ein Gedanke, er ist wirklich Gott. Und ich bin – wo und wie auch immer – in seiner guten Hand.

Es gibt ein gutes Wort beim Propheten Jesaja. Es bringt auf den Punkt, was ich meine. Dieser Prophet sagt seinem Volk zum Trost: »Das geknickte Rohr wird er nicht zerbrechen, und den glimmenden Docht wird er nicht auslöschen« (Jes 42,3). Diese Erfahrung wünsche ich Ihnen hin und wieder. Sie ist so wichtig. Sie richtet auf und hilft uns, unsere Tage nicht zu fürchten, sondern zu erleben.

Urlaub oder Ferien?

Juli, Hauptreisemonat der Deutschen. Mir ist das erst kürzlich aufgefallen: In der Schule heißt das Ferien, im Betrieb heißt's Urlaub. Und dann bin ich dieser Sache etwas nachgegangen.

Ferien – das wußte ich noch aus dem Lateinunterricht, das hat etwas mit Fest und Feiern zu tun. So stammt der Begriff »Ferien« wirklich von der Vorstellung her, Zeit fürs Feiern zu haben. Freie Zeit, und das ist ein Fest. Ganz so, wie wir uns eigentlich auch den Sonntag vorzustellen haben nach dem, was einmal die Bibel darunter verstanden hat. Ferien, ein Fest der freien Zeit.

Aber: Haben Sie eigentlich eine Vorstellung, wo das Wort »Urlaub« herkommt? Ich hatte keine Ahnung. In einem Wörterbuch für die deutsche Sprache steht: »Die Grundbedeutung von Urlaub ist ›Erlaubnis‹. Im Mittelalter ist es die Erlaubnis, sich zu entfernen, die ein Höherstehender oder eine Dame dem niedriger Stehenden gibt. Heute versteht man darunter die zeitweilige Befreiung vom Dienst.«

Wenn Sie in Urlaub fahren, dann haben Sie also die Erlaubnis von einem Höherstehenden, sich zeitweilig vom Dienst zu entfernen. Und wenn Sie Ferien machen, dann ist das ein Fest der freien Zeit. Ferientage sind Feiertage.

Ich will das nicht überbewerten, dieses kleine Sprachspiel mit Urlaub und Ferien. Aber so besehen fahre ich lieber in Ferien als in Urlaub. Keine Frage. Geist und Seele sollen wirklich frei werden von Arbeit und Dienst. Frei für etwas, was ich feiern kann. Für die Liebe meiner Frau, die im Alltag zur Selbstverständlichkeit verkommt und die ich in den Ferien feiern kann. Frei für die trotz aller Eingriffe doch immer noch faszinierende Natur, zu der wir als eines unter vielen Wesen dazugehören dürfen. Ich habe gelesen, und ein befreundeter Biologe hat es mir bestätigt: In einem Kilogramm Erde leben mehr Lebewesen als Menschen auf diesem Planeten. Ist das nicht schon ein Wunder, diese Vorstellung! Was da an Lebewesen lebt, als Geschöpf, wie ich ein Geschöpf bin, in einem Klumpen Erde. Mehr als acht Milliarden Lebewesen. Wenn das kein Grund ist, in diesen Ferien die Natur zu feiern und ihren Schöpfer?

Wenn Sie dann schon dabei sind, dann feiern Sie doch einmal auch eine Nacht. Entweder schlafen wir sonst, oder wir sind laut oder haben gar keine Zeit, einmal die Nacht zu würdigen und zu genießen. In den Ferien kann man sich das erlauben. Was uns da seit Wecker, Fernsehen und elektrischem Licht verlorengegangen ist an Stimmungen!

Überhaupt: Suchen Sie sich in diesen Feiertagen Anlässe zum Feiern. Ausgefallene Anlässe oder vertagte Feiern für überstandene Krankheiten, für viele Hilfen und Fingerzeige, für Gespräche und Begegnungen, für all die Fehler, die ohne Folgen geblieben sind. Feiern Sie Ihre Ferien. Und nehmen Sie diesmal vielleicht nicht allein die Bibel, nehmen Sie – wegen des Feierns – diesmal auch ein Gesangbuch mit, ein Liederbuch, Mundharmonika und Flöte. Damit aus dem Urlaub Ferien werden und aus Ihrer breitgetretenen Seele wieder ein Organ für Gott.

Und suchen Sie, was Matthias Claudius noch gefunden hat:

»Wie ist die Welt so stille
und in der Dämmrung Hülle
so traulich und so hold,
als eine stille Kammer,
wo ihr des Tages Jammer
verschlafen und vergessen sollt.«

Umgang mit Feiertagen

An Karfreitag, so erzählte man mir glaubhaft, seien früher Katholiken beim Frühjahrsputz oder bei Gartenarbeiten zu beobachten gewesen. An Fronleichnam hätten nicht selten die evangelischen Bauern mit ihren Fuhrwerken die katholische Prozession gestört. An Buß- und Bettag konnten sich dafür die Katholiken wieder revanchieren. Konfirmanden aus Wiesloch erfuhren in diesem Frühjahr bei Interviews, der evangelische Pfarrer hätte früher auf der Straße den katholischen nicht gegrüßt. Umgekehrt auch nicht.

Nun liegt Wiesloch sozusagen direkt an der Grenze, ist also geschichtlich gesehen heißes Gebiet gewesen zwischen der evangelischen Kurpfalz und dem katholischen Bistum Speyer. Aber ich vermute, daß die Ökumene auch sonstwo nur sehr zaghaft ausgebrochen ist und auch noch nicht überall.

Für uns Evangelische gibt es einen Feiertag, der der katholischste aller katholischen Feiertage ist. Das liegt nicht nur an dem eigenartigen Namen – Fronleichnam –, es liegt auch an dem demonstrativen Charakter. Da gingen sie eben auf die Straße, unsere katholischen Mitchristen. Und ich kann mir vorstellen, daß das nicht immer Demonstration katholischer Macht, sondern oft genug auch ein Spießrutenlaufen durch evangelische Straßen war.

Jeden Juni ist wieder Fronleichnam. Ich habe das Gefühl, daß da die Front derer, die in ihren Vorgärten arbeiten, ihr Auto waschen oder wie auch sonst zu verstehen geben, daß sie dieser Feiertag nichts angeht, quer durch die evangelischen und katholischen Reihen geht. Ich ärgere mich über unseren Umgang mit Feiertagen. Es sind ja nicht nur die christlichen. Der 1. Mai ist verkommen zum Ausflugstag ins Grüne. Keine Erinnerung mehr an Hunderttausende, die Drangsal, Gefängnis und Tod erlitten haben für das Recht des Menschen auf Arbeit und gleiches Recht für alle. Das ging so mit dem 17. Juni, der bis auf einige politische Fernsehbeiträge doch keinen mehr erinnerte an den Aufstand der Arbeiter in der DDR, an Tote, Kämpfe, an Leid und neue Aufgaben.

Dem 1. Mai und dem 17. Juni ging es nicht besser als Himmelfahrt, der zum Vatertag – und zu was für einem! – verkommen ist; oder Dreikönig, Ostermontag, Pfingstmontag, Buß- und Bettag. Ich ärgere mich einfach Jahr für Jahr darüber, auch wenn ich nun wirklich kein ganz konservativer Zeitgenosse bin, wie mit der Geschichte, mit der Kultur und auch mit der Religion umgegangen wird. Wenn der, der an Fronleichnam einen bezahlten Urlaubstag hat, wenigstens einige Gedanken darauf verschwenden würde, warum er frei ist vom Zwang, an diesem Tag arbeiten zu müssen. Ich weiß, das ist furchtbar wenig. Aber sind wir denn schon so weit, daß uns einer 200 Mark in die Hand drückt, und wir sagen nicht einmal »Danke« oder fragen, warum?

Natürlich freue ich mich auch auf einen freien Tag. Fronleichnam zum Beispiel ist einmal ein Feiertag, an dem ich als evangelischer Pfarrer keinen Dienst habe. Und ich freue mich über jeden arbeitsfreien Tag. Für jeden unter uns. Aber ich ärgere mich, wenn die Mehrzahl nicht einmal mehr weiß, warum sie mitten in der Woche frei hat.

Es geht mir nicht um Dankbarkeit, es geht mir um Freiheit. Sie verliert dann ihren Sinn, wenn ich nicht mehr weiß, woher und wozu. Und es geht mir um den Respekt vor dem anderen. Wenn meine Nachbarin an Fronleichnam zur Prozession geht, dann werde ich eben nicht mein Auto waschen an diesem Tag. Warum?

Fragen Sie! Machen Sie sich kundig über die Bedeutung dieses Festes. Auch wenn Sie sich ärgern mögen über meine Worte – ich bin sicher, Sie würden mich dann zumindest verstehen.

Die Heimat des Mönchs

Es war Sommer. Ich hatte mich um eine Stunde vertan. Die Trauung, die ich in der Klosterkirche halten sollte, begann erst um 14.00 Uhr. Der Benediktiner an der Pforte rief einen Bruder, der sich meiner in der Zwischenzeit annahm.

Seine Erscheinung war beeindruckend: Schwarzer Habit, offene Sandalen an zierlichen Füßen, die er beim Gehen etwas einknickte und nachzog. Die Hände auf dem Rücken gekreuzt. Eine Vielzahl roter und blauer Äderchen gab dem feinen, doch wetterbraunen Gesicht den Ausdruck einer filigranen Landkarte mit Wegen, Flüssen und Grenzen. Er muß damals schon, vor etwa 15 Jahren, weit jenseits der 80 gewesen sein. Sein Gang war etwas gebeugt, ruhig – und doch sprühte dieser Mensch vor lauter Leben. Die pure Lebensfreude blitzte aus seinen Augen.

Er zeigte mir den Kreuzgang, die Kirche und den Garten. Für den Garten verwandte er am meisten Zeit, er war sein Lebenswerk. Über 50 Jahre hegte und pflegte er ihn, säte und erntete, las Schädlinge ab und züchtete Rosen. Es war, als kenne er jeden Strauch, jeden Baum, jede Pflanze mit Namen, mit ihrer Geschichte. Er sprach mit den Bäumen, strich hier zärtlich über einen Stamm, roch dort prüfend an einer Blüte.

Doch das Eindrücklichste kam noch. Zuletzt, schon auf dem Rückweg mit dem Blick auf die Uhr, führte er mich zum Friedhof des Klosters. Es ist ein eigenartiger Friedhof, nicht so, wie ich ihn von anderen Klöstern kannte. Eine große Wand, und eingelassen in die Wand Nischen für die Särge. Die Nischen werden nach der Beisetzung zugemauert, und davor erinnert nur noch ein Namensschild an den verstorbenen Bruder. Ich stand fast betroffen vor dieser nach der Führung durch den Klostergarten so plötzlichen Konfrontation mit der eigenen Vergänglichkeit. Ich schaute den Mönch an, er bemerkte meine Unsicherheit. Und mit innerer Gelassenheit, mit strahlenden Augen zeigte er auf eine noch leere Nische und sagte: »Schau, und da komm' einmal ich hinein.« Sprach's, blickte mit einem fast schelmischen Lächeln in mein Gesicht, kam einen Schritt auf mich zu, legte den Arm um meinen Rücken und meinte: »So, und jetzt machst du deine Hochzeit.«

Selten, vielleicht nie, habe ich einen Menschen getroffen, der so ruhig und gelassen war. Der genau wußte, woher er kam und wohin er geht. Dessen Glaube tief wie ein Brunnen und fest wie ein Felsen war. Und der in seinem Glauben sich doch nicht entfernte von dieser Welt, sondern neben all den Klosterdiensten, Gebeten, Gottesdiensten, Menschendiensten in über 50 Jahren einen Garten anlegte, der in seiner Vielfalt, Farbenpracht, Gesundheit und Erdigkeit ein Stück Paradies war, mitten in dieser doch meist unseligen Welt. Und der in diesem Paradies längst seinen Platz gefunden hatte, selbst über den Tod hinaus.

Was einem so passieren kann, wenn man eine Stunde zu früh am Ziel ist.

Einen Stein auf die Horizontlinie werfen

Ein japanischer Gemeindepfarrer, so lese ich bei Kaku Utsumi, beschreibt seinen Lebenslauf als Prediger. Da steht etwa: Eine Predigt zu halten ist genauso, wie wenn ein Mensch an der Küste einen Stein auf die Horizontlinie werfen will. Das ist eigentlich wahnsinnig. Deshalb ist es anscheinend eine dumme Tat. Diese Tat hat eine Unmöglichkeit zum Ziel, wie die Predigt, die das Gotteswort den Menschen näherbringen muß. Diese dumme Tat, so schreibt der japanische Pfarrer, habe ich über vierzig Jahre lang dauernd getan. Man sieht mich an. An der Küste sammeln sich Neugierige um mich herum, um meine ungewöhnliche Tat anzuschauen. Aber wenn die Leute das dumme Ziel meiner Tat, einen Stein auf die Horizontlinie zu werfen, erkannt haben, verlieren sie all ihr Interesse dafür und fühlen die Sinnlosigkeit. Sie treten einer nach dem anderen weg. Sie sagen: Was für ein Idiot. Aber wenn jemand bei mir stehenbleibt und wie ich auf die Horizontlinie schaut und versucht, selbst einen Stein dorthin zu werfen, sieht er genau das, was ich immer sehe, Gottes Wort. Ich habe dies mit der Horizontlinie beschrieben. Damit wollte ich die Möglichkeit der Unmöglichkeit der Predigt ausdrücken.

Soweit die Lebenserfahrung eines japanischen Gemeindepfarrers. Ich möchte dieses schöne Bild noch etwas ergänzen. Es ist mir noch zu vorsichtig, fast auch zu pessimistisch. Beim Versuch, an der Küste stehend die Horizontlinie mit einem Stein zu erreichen, werde ich scheitern. Mein Stein trifft vorher ins Wasser, wie sehr ich mich auch mühe. Aber es ist doch nicht so, daß ich dadurch nichts bewege, daß dies nur eine dumme Tat ist. Der Stein zieht Kreise. Und wenn ich viel, viel Geduld habe, dann kommt etwas von diesen Kreisen als kleine Welle wieder zurück zu mir. Und wenn von vielen

Stellen an der Küste Menschen ihren Stein an die Horizontlinie zu werfen versuchen, dann kreuzen sich die Kreise. Der Horizont rückt näher. Ich spüre Begegnung, ich sehe Antwort. Und die kann ich auch zeigen.

Leider ist es bei uns Christen wie in vielen anderen Bereichen des Lebens so: Wir haben keine Geduld. Und dann sieht das Steinewerfen natürlich dumm aus. Da tut sich nichts. Da verpufft ein Kirchentag im Alltag der Gemeinden. Da verhallt eine Predigt ohne sichtbare Konsequenz, da trifft der Schrei von Hungernden und Verfolgten kein Ohr, da rühren Schreckensbilder im Fernsehen kein Gewissen. Deshalb suchen sich viele anstelle von großen Seen oder gar Meeren lieber kleine Teiche, werfen im überschaubaren Bereich ihren Stein und freuen sich am gleich sichtbaren Erfolg. Aber das ist etwas ganz anderes, als die Horizontlinie treffen zu wollen. Die liegt weit, weit weg.

Vielleicht kann ich es auch so sagen: Wer sich nicht mit aller Kraft anstrengt, das Unmögliche zu erreichen, bleibt hinter dem zurück, was ihm möglich wäre. Christen müssen übers Ziel hinauszielen. Christen strecken sich nach Gott aus und erreichen dabei vielleicht »nur« Menschen. Ich werde immer wieder gefragt: Warum brauchen Sie eigentlich Gott? Warum reicht Ihnen nicht einfach das Menschliche? Sehr persönlich gesagt: Weil ich mich gut genug kenne. Ich möchte vermeiden, daß ich mich eines Tages wiederfinde, wie ich kleine Steine in den Teich hinter unserem Haus werfe und träume, das sei das Meer. Der Glaube an Gott nimmt mir die Illusion über mich und gibt mir dafür eine Utopie, die jetzt schon Kreise zieht und hier und dort etwas bewegt. Und es ist sehr ermutigend, hier und dort auf Menschen zu treffen, die sich auch nicht mit Gartenteichen zufriedengeben, sondern die Horizontlinie im Auge haben.

Hier dürfen Sie schweigen

Unter der Überschrift: »Einladung zu einer Tasse Jasmintee« schreibt Reiner Kunze einen Dreizeiler:

Treten Sie ein, legen Sie Ihre
Traurigkeit ab, hier
dürfen Sie schweigen.[13]

Ich möchte Sie eine kurze Zeit beteiligen an meiner eigenen Nachdenklichkeit.

Treten Sie ein, legen Sie Ihre
Traurigkeit ab, hier
dürfen Sie schweigen.

Eine der ersten Regeln, die ich vor Jahren für meine Arbeit im Rundfunk lernte, war: Nur keine zu langen Pausen, keine Stille. Gleichermaßen einleuchtend wie erschütternd auch ein Hinweis in einem Merkblatt für Gottesdienstübertragungen: »Der Gottesdienst darf als liturgisches Element nicht das stille Gebet enthalten.«
  Na klar, werden die praktisch Denkenden unter Ihnen sagen. Klar, wenn der Sender schweigt, dann sucht der Hörer weiter, bis er etwas hört. Das kann sich kein Sender erlauben. Selbst die Pausen muß er überbrücken. Rund um die Uhr muß er Töne, Geräusche, eine Geräuschkulisse produzieren.
  Unsere Gespräche und Beratungen, unser Suchen nach Antworten und Verteidigen von Positionen – wie oft ist das alles nur Geräuschkulisse. Unser Predigen – Geräuschkulisse wie unser Gebet.

Treten Sie ein, legen Sie Ihre
Traurigkeit ab, hier
dürfen Sie schweigen.

Schweigen – das haben wir eigentlich nur so gelernt, daß man den Mund zu halten hat, daß der andere es besser weiß. Schweigen heißt oft genug: Der hat nichts zu sagen. Es gibt keine Kultur des Schweigens. Es gibt nur das Redeverbot. Oder das Kloster. Aber das ist für die meisten von uns ja auch keine Alternative. Oder das selbstgewählte Alleinsein.

Das suche ich nicht, das »Wenn Sie hier eintreten, müssen Sie schweigen.« Ich suche einen Ort, an dem ich schweigen darf. An dem nicht der was von mir will und jener Fragen und ein anderer Ansprüche stellt. Ich suche einen, der sagt:

Treten Sie ein, legen Sie Ihre
Traurigkeit ab, hier
dürfen Sie schweigen.

Meine Traurigkeit ablegen. Nicht erklären und rechtfertigen. Nein, ablegen, hergeben, sich ausschweigen dürfen. Einmal nichts geben, sagen oder tun. Nur da hineindürfen und da sein.

Das ist so eine verrückte Zeit. So atemlos, so unbarmherzig, so schonungslos. Als ob uns der Atem ausginge. Es gibt kein Lot mehr.

Die Ros ist entsprungen,
das Licht ist erschienen,
das Kind ist geboren,
die Welt ist erlöst.

Die Ros ist erfroren,
das Licht ist erloschen,
das Kind auf der Flucht,
die Welt aus dem Lot.[14]

Wieder einmal haben wir unsere Sehnsüchte in teure Geschenke verpackt. Wieder einmal haben wir unsere Traurigkeit versteckt hinter einem aufwendigen Silvesterspektakel. Auf ein neues hat uns die alte Maschinerie des Todes wieder, sind wir sitzengeblieben auf unserer Trauer und spielen das alte Zerreißspiel mit, bis zur entsprechenden Diagnose aus dem Labor oder bis zur Erschöpfung.

Es ist ein einziger, dem ich nichts vorzuspielen brauche. Ein einziger, von dem die Bibel sagt, er sei nichts als Liebe. Seine Lösungen möchte ich studieren, seine Träume möchte ich verwirklichen helfen, sein Kreuz ist mein Lot, seine Auferstehung der Ort, an dem selbst meine Trauer schöpferisch wird und sich nicht nur in Selbstmitleid verliert. Nein, das ist kein Zirkusdirektor, das ist »der Mensch«, der sagt:

Treten Sie ein, legen Sie Ihre
Traurigkeit ab, hier
dürfen Sie schweigen.

Der Rat für Papst Eugen

Durch Zufall bin ich auf einen Text gestoßen, der mich sofort sehr betroffen hat. Eigentlich gilt er dem Papst Eugen, der in der ersten Hälfte des 12. Jahrhunderts den Stuhl Petri innehatte. Geschrieben ist er von einem Mönch, nach dem manche die erste Hälfte des 12. Jahrhunderts benennen: Bernhard von Clairvaux. Er litt an seiner von Jesus Christus und von den Menschen entfremdeten Kirche ebenso wie an dem herrschaftlichen, elitären Klosterwesen der Cluniazenser. Mit einigen Brüdern gründete er eine zurückgezogene, arme, nach innen gewandte, einfache, ganz dem Vorbild Jesu und den Ursprüngen der Mönchsbewegung – Gebet, Askese und Arbeit – verpflichtete Gemeinschaft, die man später Zisterzienser nannte und die in einem wahren Siegeszug im 12. Jahrhundert Europa überall mit Neugründungen überzog.

Denken Sie nicht an den jetzigen Papst oder andere Personen, wenn ich Ihnen die Gedanken Bernhards jetzt vorstelle. Denken Sie an sich selbst und lassen Sie sich anstoßen von einer Stimme aus dem Jahr 1150:

»Wo soll ich anfangen? Am besten bei deinen zahlreichen Beschäftigungen, denn ihretwegen habe ich sehr viel Mitleid mit dir. Ich habe Mitleid, sagte ich, wenn du jedenfalls selbst auch darunter leidest; sonst müßte ich eher sagen, daß es mir um dich leid tut. Denn wo einer nicht leidet, kann man auch nicht mitleiden. Wenn du also leidest, dann leide ich mit dir, wenn nicht, leide ich dennoch, ja dann erst recht, denn ich weiß, daß ein Glied, das gefühllos geworden ist, ziemlich weit vom Heilsein weg ist und daß ein Kranker, der seine Krankheit nicht fühlt, in großer Gefahr schwebt...

Ich bin in Sorge, sage ich, daß du mitten in deinen zahlreichen Beschäftigungen keinen Ausweg mehr siehst und deshalb deine Stirn verhärtest, daß du dir selbst unmerklich das

Gefühl für einen Schmerz nimmst, der zu Recht und zu deinem eigenen Vorteil auftritt. Es ist viel klüger, dich ab und zu deinen Beschäftigungen zu entziehen, als zuzulassen, daß sie dich ziehen und allmählich dahin führen, wohin du nicht willst. Du fragst wohin? Zu einem harten Herzen…

Was ist also ein hartes Herz? Das ist ein Herz, das von Zerknirschung nicht zerrissen, durch Zuneigung nicht erweicht, durch Bitten nicht bewegt wird. Es weicht nicht vor Drohungen, es wird durch Schläge nur noch härter. Gegenüber Wohltaten ist es undankbar, Ratschläge nimmt es nicht an…, den Schicksalen der Menschen gegenüber verhält es sich unmenschlich… Um kurz und knapp alle Übel dieser schrecklichen Krankheit zusammenzufassen: einem harten Herzen ist die Gottesfurcht und die Achtung vor dem Menschen abhanden gekommen…

Wenn du also ganz für alle dasein willst nach dem Beispiel dessen, der allen alles geworden ist, lobe ich deine Menschenfreundlichkeit – jedoch nur, wenn sie jeden einschließt. Wie aber kann sie jeden einschließen, wenn du ausgeschlossen wirst? Auch du bist ein Mensch… Denn was würde es dir sonst nützen, wenn du – nach dem Wort des Herrn – alle gewinnen, aber als einzigen dich selbst verlieren würdest? Wenn also alle Menschen dich besitzen, besitze auch du dich selbst. Warum solltest nur du nichts von dir haben? Wie lange noch bist du ein Geist, der auszieht und nie wieder heimkehrt? Bist du dir selbst etwa ein Fremder? Wem wärest du dann nicht fremd, wenn du dir selber fremd bist? Ja, wer mit sich selbst leichtfertig ist, wem kann der gut sein? Denke also daran: Gönne dich dir selbst; ich sage nicht: tu das immer, ich sage nicht: tu das oft, tu es aber hin und wieder einmal. Freue auch du dich an dir selbst, wenigstens nach allen anderen.«[15]

Liebe Leserin, lieber Leser, ich glaube, man muß nicht Papst sein, um zu spüren: Dieser Brief gilt auch mir. Gönnen Sie sich selbst. Freu du dich an dir selbst. Eine Zeit, die dies vergißt, wird gnadenlos. Menschen, die dies vergessen, werden hart.

Atempause

Einatmen. Pause. Ausatmen. Pause. Einatmen. Pause. Ausatmen. Pause. Und so weiter. Nach meiner eigenen Rechnung so knapp 15 000mal am Tag. Einatmen. Pause. Ausatmen. Pause.

Die Pause dazwischen gehört dazu. Der Körper macht die Pause unbewußt. Der gesunde Körper atmet ruhig und macht dazwischen immer wieder eine Pause. Wenn ich die Pause nicht mache, so erzählt mir mein Arzt, dann hyperventiliere ich, auf gut deutsch, ich werde »überlüftet«. Wie das aussieht? Er sagt, die Kohlensäure wird immer mehr abgeraucht. Ich habe gelacht und den Kopf geschüttelt. Der Arzt erklärt geduldig: Es kommt zu einem Ungleichgewicht von Säure und Base im Körper. Auch das verstehe ich nicht so ganz.

Jedenfalls gibt es zu viel Sauerstoff im Körper, und das ist nicht gesund. Der Körper schafft den Ausgleich nicht mehr. Der Mund spitzt sich zu. Die Muskeln verkrampfen sich. Der Blick wird starr. Kollaps. Zu viel, zu hektisch, ohne Pause geatmet, und mein Körper kollabiert, der Kreislauf bricht zusammen. Wenn man nicht gerade irgendwo hart hinknallt, sagt mein Arzt, sei das gar nicht so schlimm. Denn nun sorgt der Körper für das Richtige. Der Mensch im Kollaps atmet langsamer, macht Pausen, der Ausgleich wird wieder hergestellt, der Patient erwacht aus der Bewußtlosigkeit. Man kann diesen Zustand auch noch aufhalten. Wenn man merkt, jetzt hyperventiliere ich, jetzt beginne ich, zu »überlüften«, wenn man das Kribbeln in den Fingerspitzen und Füßen spürt: einfach aufhören zu atmen, langsamer atmen, Pausen machen.

Atempausen sind lebenswichtig.

Überall wird diskutiert, ob noch mehr Sonntagsarbeit zugelassen werden soll. Aus Gründen der Rentabilität und weil man einen Hochofen nicht einfach so abschalten kann und weil ein chemischer Prozeß sich nicht an Achtstundentag und Fünftagewoche hält.

Es gibt offensichtlich Maschinen, die brauchen das. Immerzu. Ohne Pause. Sie kollabieren nicht. Nur der Mensch kollabiert. So ist er nicht geschaffen. Ohne Pause. Immer durch. Die Sonntage sind auch nicht mehr das, was sie früher waren. Auch da Termine. Auf die Autobahn. Weg. Raus. Zwei Stunden spazierengehen. Rein. Wieder auf die Autobahn. Nach Hause. Sportschau. Abendessen. Tatort. Bett. Wecker stellen. Schlafen. Und wieder raus.

Der Sonntag, der erste Tag der Woche, der Tag, an dem Mensch, Tier, Natur ausruhen, zur Besinnung kommen sollen, wieder ins Gleichgewicht kommen. Im Jahr 321 nach Christus hat Kaiser Konstantin den Sonntag, den Tag der Auferstehung Jesu, zum staatlichen Ruhetag erklärt. Nach der französischen Revolution wollte man den Sonntag abschaffen. Und nach der russischen Revolution wollte man die Zehntagewoche einführen.

Einatmen. Pause. Ausatmen. Pause. Wer nicht so atmet, dessen Kreislauf bricht zusammen. Wer nicht so lebt, übernimmt sich. Wir sind keine Maschinen.

Der Kollaps muß nicht sein. Wenn man zur Ruhe kommt, sich besinnt, Gott dankt und ihn zu Wort kommen läßt.

Planen Sie fürs Wochenende die Atempause ein. Um den Kollaps zu vermeiden. Sie sind kein Computer und kein Hochofen. Sie sind ein Mensch. Und Menschen brauchen das.

Anmerkungen

1 Rudolf Otto Wiemer, Für einen Übelgelaunten, aus: ders., Ungewaschene Gebete, Patmos Verlag, Düsseldorf 1987
2 Friedrich Myconius, Geschichte der Reformation, hg. V. O. Clemen, Leipzig 1914, Reprint Gotha 1990, S. 8
3 Freie Nacherzählung einer Regenwurmgeschichte von Franz Hohler
4 Friedrich Nietzsche, Antichrist, 1. Buch
5 Petit de Jésus, aus: Christkönigsbund Franziskanerkloster Miltenberg
6 Im Original: Fatum
7 Dietrich Bonhoeffer, Widerstand und Ergebung, S. 20, © Chr. Kaiser/Gütersloher Verlagshaus, Gütersloh
8 Albert Schweitzer, Kultur und Ethik, C.H. Beck'sche Verlagsanstalt, München 1981, S. 331f
9 Arnim Juhre, mit freundlicher Genehmigung des Autors
10 Hermann Hesse, Die Gedichte, © Suhrkamp Verlag, Frankfurt am Main 1992, S. 36
11 Th. Sundermeier, »Zitat nach L.V. Thomas/R. Luneau, 1975, 136; zur Version der Dinka« – La terre africaine et ses religions, Paris, 1975
12 A. Spoerl, © R. Piper & Co. Verlag, München 1949
13 Reiner Kunze, SENSIBLE WEGE, dnb 80, Copyright © 1976 by Rowohlt Taschenbuch Verlag GmbH, Reinbek
14 Gerhard Engelsberger, Wir kommen auf Umwegen, Evang. Presseverband Baden, Karlsruhe 1991, S. 18
15 Bernhard von Clairvaux (1090–1153), »De consideratione ad Eugenium papam« aus: Bernhard von Clairvaux, Weil mein Herz bewegt war, Verlag Herder, Freiburg – Basel – Wien 1990, S. 38